colección
BFV ■ Biblioteca de la Filosofía Venidera

dirigida por ☐ **Fabián Ludueña Romandini**

colección
BFV ■ Biblioteca de la Filosofía Venidera

Esta colección quiere abarcar en su espíritu obras que, como quería Walter Benjamin, intenten reflejar no tanto a su autor sino más bien a la dinastía a la cual éstas pertenecen. Dinastías que otorguen los instrumentos para una filosofía por-venir donde lo venidero no sea sólo una categoría de lo futuro sino que también abarque lo pasado, suspendiendo la concepción moderna del tiempo cronológico a favor de una impureza temporal en cuyo caudal pueda tener lugar la emergencia de un pensamiento inactual e intempestivo, capaz de mostrar la potencia filosófica oculta en todas las tradiciones del conocimiento. Filosofía, entonces, como el arte de la fabricación de nuevos conceptos, donde la novedad es siempre entendida tomando en cuenta su anacronismo fundamental y su perpetua inclinación a la polémica.

Diseño y composición: Gerardo Miño

Edición: Diciembre de 2016

Código IBIC: JHB, JPA, HPS

ISBN: 978-84-16467-65-5

MIÑO y DÁVILA
♦ E D I T O R E S ♦

Página web: www.minoydavila.com

Facebook: http://www.facebook.com/MinoyDavila

Mail producción: produccion@minoydavila.com

Mail administración: info@minoydavila.com

Oficinas: Tacuarí 540
(C1071AAL), Buenos Aires.
tel-fax: (54 11) 4331-1565

BFV ■ Biblioteca de la Filosofía Venidera

RODRIGO OSCAR OTTONELLO

LA DESTRUCCIÓN DE LA SOCIEDAD

POLÍTICA, CRIMEN Y METAFÍSICA DESDE LA SOCIOLOGÍA DE DURKHEIM

MIÑO y DÁVILA
◆ E D I T O R E S ◆

A Débora Epifanio

RODRIGO OSCAR OTTONELLO

LA DESTRUCCIÓN DE LA SOCIEDAD

POLÍTICA, CRIMEN Y METAFÍSICA
DESDE LA SOCIOLOGÍA DE DURKHEIM

I. Sabemos aproximadamente cómo trazar los límites de una ciudad, de un país, de un Estado, incluso los de naciones, comunidades, poblaciones e imperios. Estas formas sociales son productos del trabajo de los humanos por organizar sus vidas en común y sus bordes son reconocibles del mismo modo que las marcas sobre una madera o piedra que devino artesanía. Aun bajo el efecto borroso del tiempo, la distancia y las transformaciones, creemos posible señalar que es propio de nuestras obras tener cierto inicio y cierto término.

La confianza en la precisión de ese gesto se diluye cuando nos preguntamos por los límites de la sociedad. Parte del problema radica en que por gracia de su raíz latina –*socius* = acompañante– el término *sociedad* se aplica a todo tipo de asociación entre hombres y tiende a funcionar como palabra genérica que sólo gana forma específica al referir, por ejemplo, a un poblado, a una milicia, a un club, etcétera. En tal condición la sociedad designa estrictamente un contenido, aquello que se da cuando los hombres se acompañan, sin denotar ninguna característica del modo en que se organiza la asociación, excepto que ella termina junto a la frontera negativa tras la cual no hay compañía alguna. Podría decirse entonces que no cabe lugar para la pregunta por la extensión de *la* sociedad, que el tipo de límite varía dependiendo del caso y que sólo corresponde hablar de lo abarcado por *una* sociedad o por *tal otra*. O podría decirse que la sociedad coincide con la extensión del conjunto de las asociaciones en curso, que es un mapa deliberadamente poco preciso que se despliega sobre la totalidad de los vínculos entre los hombres, un modo de decir lo humano que subraya su necesidad de vivir entre semejantes. En cualquier caso, estos problemas semánticos abren hacia otra serie de cuestiones que a pesar de no ser novedosas siguen ofreciendo serias dificultades a nuestro pensamiento.

Hace más de un milenio que la palabra latina *societas* se volvió sinónimo mutante para hablar de otras organizaciones que ya tenían nombres con significados muy particulares, pero fue en el siglo XIX que ella comenzó a ser utilizada no como designación genérica para asociaciones diversas, sino como una forma específica distinta a las demás. La sociedad, para el puñado de hombres que comenzó a definir un problema nuevo, tampoco era la silueta opaca e imprecisa de un gran conjunto:

> La sociedad no es una simple aglomeración de seres vivientes cuyas acciones, independientes de principio a fin, no tienen otra causa que la arbitrariedad de las voluntades individuales ni otro resultado que accidentes efímeros o sin importancia; la sociedad, al contrario, es sobre todo una verdadera máquina organizada donde todas las partes contribuyen de manera diferente a la marcha del conjunto. La reunión de los hombres constituye un verdadero SER.[1]

Se trataba de un ser que desbordaba lo conocido hasta el punto de requerir una ciencia nueva. En 1813 Henri de Saint-Simon propuso la realización de una *fisiología de la especie humana* distinta a una fisiología del individuo.[2] Luego su discípulo Auguste Comte habló, primero, de elaborar una *física social* y después, en 1838, acuñó la palabra *sociología*.[3]

La novedad de esta ciencia no consistió en decir que las asociaciones conforman un ser, cuerpo o máquina al que los hombres pertenecen como órganos o engranajes. Esa idea ya había

---

1   SAINT-SIMON, C.H., "De la physiologie appliquée a l'amélioration des institutions sociales" (1875): 177. Sobre este texto publicado en una obra colectiva de 1825 pende la duda de si fue escrito por Saint-Simon (tal vez redactado en 1813) o si corresponde a uno de sus colaboradores, el Dr. Etienne Marie Bailly. Independientemente de cuál sea el caso, su espíritu es el de la empresa saint-simoniana y es un documento fundamental sobre los inicios de la ciencia de la sociedad (así lo leyó Durkheim en su curso sobre el socialismo). Contra la autoría de Saint-Simon, véase JAMES (1972). Contra el argumento de James, CAMPILLO (1992): 63-64.

2   SAINT-SIMON, H., "Mémoire sur la science de l'homme" (1839): 5-166.

3   Sobre la física social, COMTE (1824). La primera aparición del término sociología consta en COMTE (1908): 132. Respecto a un uso anterior del término (completamente desconocido por Comte) en un manuscrito de Emmanuel-Joseph Sieyès de 1878, véase GUILHAUMOU (2006).

sido formulada reiteradamente, desde Pablo de Tarso a Hobbes y Kant.[4] Lo importante era ahora una nueva disposición en el vínculo entre los hombres y dicho ser. Émile Durkheim, al inaugurar en 1888 el primer espacio oficial jamás dedicado a la enseñanza de la sociología –"una ciencia nacida ayer"–, explicó tal singularidad diciendo que:

> Desde Platón y su *República* no faltaron pensadores que hayan filosofado sobre la naturaleza de las sociedades. Pero hasta comienzos de este siglo la mayoría de esos trabajos estaban dominados por una idea que impedía radicalmente la constitución de la ciencia social. En efecto, casi todos aquellos teóricos de la política veían en la sociedad una obra humana, un producto del arte y la reflexión.[5]

La sociología afirmó su nacimiento señalando que dos milenios de estudios sobre las sociedades habían caído en el mismo error: atribuir a los hombres autoridad sobre lo social. En aquella clase inaugural, Durkheim dijo a modo de síntesis del pensamiento al que se oponía: "Si somos los autores de la sociedad, podemos destruirla o transformarla. Basta con tener la voluntad de hacerlo". Ser sociólogo era negar esa idea, esas posibilidades y la fuerza de esa voluntad.

Que hoy nos cueste definir los límites de la sociedad no puede separarse de la inquietud respecto a si ella es o no obra nuestra. Tal vez la sociedad no tiene un principio humano. Y, de manera aun más extraña, tal vez no podemos destruirla.

Este trabajo es una indagación sobre esa posibilidad.

II. La pregunta por la destrucción de la sociedad se plantea aquí ante un escenario concreto: desde mediados del siglo XX, sea por el desarrollo de armas nucleares o por la depredación del ecosistema terrestre, existe la amenaza de que la vida humana se lleve a sí misma a la extinción total.[6] Aunque éste no será lugar para establecer si semejante peligro es inevitable, si es infundado o si cabe pensar en catástrofes tras las cuales la humanidad sobre-

---

4   PABLO, *1 Corintios* 12:12-27; HOBBES (1929): 9-10; KANT (2004): 33-39.
5   DURKHEIM (2010a): 86-87.
6   JASPERS (1961); DANOWSKI y VIVEIROS DE CASTRO (2014).

viviente renacería distinta por efecto de las pérdidas sufridas,[7] es notorio que se trata de una situación que genera grandes alertas sin que de ellas se desprendan opciones competitivas a los modos de gobierno imperantes. De acuerdo con un célebre diagnóstico de Frederic Jameson, hoy es más fácil imaginar el fin del mundo que el fin del capitalismo.[8]

La apuesta de este trabajo es pensar cuál puede ser el aporte teórico de la sociología en un momento que reclama modificaciones profundas en nuestros modos de vivir y actuar. ¿Por qué interesaría ese aporte? Porque la sociología ha sido reiteradamente señalada como agente paralizador de los pensamientos transformadores. Y dado que parecemos incapaces de planear una opción viable para el devenir de este mundo, corresponde, en lugar de sólo seguir el curso de las libertades ya conocidas y esquivar cuanto las bloquea, buscar también nuevas nociones de movimiento en lo que se presenta como quietud y obstáculo.

Los conceptos sociológicos de sociedad frecuentemente señalan a un más allá de las voluntades o fuerzas de los hombres, no se atienen a límites claros y describen formas totales que se imponen sobre sus partes, lo cual invitó a que tanto desde voces conservadoras como contestatarias se los use para ilustrar el desamparo de la acción. Bruno Latour, al proponer recientemente el abandono de la idea de la sociedad como ser, describió sus efectos nocivos en términos categóricos:

> No se necesita enorme habilidad o perspicacia política para comprender que si hay que luchar contra una fuerza que es invisible, no rastreable, ubicua y total, no se tiene poder alguno y se termina en la derrota absoluta. Sólo se puede tener alguna posibilidad de modificar determinado estado de cosas si las fuerzas están hechas de vínculos más pequeños, cuya resistencia puede ser probada uno por uno. Para decirlo sin rodeos: si existe sociedad, *entonces no hay política posible.*[9]

Hace más de dos milenios que el término de origen griego *política* –πολιτικός = "de los ciudadanos"– designa el orden de prácticas mediante las que los hombres en libertad disponen del gobierno

---

7   Para un comienzo de indagación seria de esas posibilidades, MOTESHARREI, RIVAS y KALNAY (2014).

8   JAMESON (2009): 242.

9   LATOUR (2008): 349.

de sus vidas. En ese extenso período la política conoció múltiples amenazas a su autonomía desde discursos e instituciones que indicaron que ella debía atenerse a otras leyes que las que se daba a sí misma: las de los dioses, las de los astros, las de los números, las de la biología, las de la economía. Todos esos rivales han sido y son más difíciles que la sociología, pero esta última, en vez de parecer contrariar a la política desde afuera, como un otro, se consideró producto necesario de su desarrollo histórico, como la realización, al fin, de su forma científica prometida desde Platón y Aristóteles.[10] La sociología habría llegado así como una infiltrada que limitaría al autogobierno desde adentro, haciéndole hablar el lenguaje de lo condicionante. Hacia fin del siglo XX, Ernesto Laclau señalaba ese frente interno sin ambigüedades:

> La visión dominante de lo político en el siglo XIX, prolongada en el siglo XX por varias tendencias sociológicas, hizo de él un "subsistema" o "superestructura" sometido a las leyes necesarias de la sociedad. Tal visión triunfó con el positivismo y sancionó los resultados acumulativos de más de un siglo de declinación de la filosofía política.[11]

La sociología y la crisis de la política, de su sentido y su eficacia, nacieron juntas. En las mayores reflexiones sobre esa crisis, a lo largo de todo el siglo XX, la ciencia social fue retratada como la sustituta insidiosa de un verdadero ejercicio de la libertad que habría sido silenciado debido a –y a pesar de– su fuerza para cuestionar las jerarquías que clasifican la vida humana.[12] Ese diagnóstico ha sido exitoso en la medida en que hoy la propia sociología se asume como una ciencia de la constatación de lo dado. La disciplina acepta su carácter instrumental como investigación empírica para programas de gobierno que ella no diseña y, en simultáneo, desdeña a la filosofía política tratándola como un orden de reflexiones inoperantes. El componente teórico de la sociología es hoy apenas un fósil del momento en que esta ciencia debió disputar su especificidad ante otros saberes, y su conservación depende casi exclusivamente de la reducida parcela de los programas de estudios actuales dedicada a justificar su

---

10   OTTONELLO (2016a).
11   LACLAU (1997): 64.
12   SCHMITT (2009); STRAUSS (2014); ARENDT (2010); RANCIÈRE (1996).

diferencia con la mercadotecnia, hermana menor que existe ya de cara a la competencia empresarial y prescinde entonces del núcleo de inoperatividad y neutralidad que habilita al pedido de subsidios (la ciencia social, se sabe, se refugia casi exclusivamente en universidades). Por otra parte, del lado complementario del problema, las formas de acción política que se auto-perciben contestatarias tienden a evitar las apelaciones a la sociología, entendiéndola como censo policíaco o encuesta comercial que limita y condiciona el orden de lo posible, hasta el punto que algo como una "sociología libertaria" parecería ser o bien un oxímoron o bien una maniobra pendular entre la ingenuidad y el cinismo.

Resulta entonces claro que no faltan razones para pensar que la sociología es partícipe del vencimiento de la filosofía política. Sin embargo, numerosos sociólogos del siglo XX –Norbert Elias, Max Horkheimer, Theodor Adorno, Talcott Parsons, Anthony Giddens, Jürgen Habermas o Pierre Bourdieu, entre muchos otros– han procurado mostrar que entre las dos disciplinas puede haber más solidaridad que enfrentamiento. En esa línea de la sociología como reflexión política se ubica también el presente trabajo, aunque bajo un procedimiento distinto al de la tradición clásica.

Ante las críticas según las cuales el concepto de sociedad reduce y desgasta las posibilidades de la acción política, los sociólogos frecuentemente hablaron con el mismo tono con que Kant indicó que sería un error que la paloma imaginase volar mejor en el vacío que en el aire que le ofrece resistencia a su cuerpo. La sociología, con espíritu afín, marcaría los límites de la acción política no para privarla de libertades sino para hacerle saber en mayor medida las condiciones y posibilidades de su realización. De ese modo, ella sería un refinamiento de la teoría de la acción que además de cruces de acciones tendría en cuenta los modos en que éstas sedimentan y estratifican en sistemas, estructuras y otras macro o meta formas capaces de presentarse como distintas al gesto consciente y decidido de una voluntad individual. Procediendo así, los sociólogos no sólo han hecho justicia a una aspiración histórica de la disciplina, sino que también realizaron aportes cruciales a nuestro entendimiento de las instituciones con las que nos relacionamos. Ahora bien, lo que resulta significativo es que para que se le conceda fuerza política la sociología parece

La destrucción de la sociedad

tener que diluir su especificidad. Si todo el punto del concepto de sociedad es el reconocimiento de actores –o compuestos de actores– que superan a los individuos, entonces la tarea sociológica ya se encuentra realizada en el modo en que Hobbes habló de la República o Leviatán, o antes, en el tratamiento aristotélico de la ciudad. En tal escenario, el favor de la sociología a la filosofía política consistiría esencialmente en resaltar la importancia de las instituciones no estatales: familia, religión, cultura, etcétera. De todos modos, quienes conocen en profundidad la reflexión política occidental fácilmente encontrarán, antes de que la ciencia de la sociedad se haga presente, numerosos ejemplos de atención a esas otras instituciones. La sociología se vuelve apenas un capítulo del pensamiento político que eleva a regla el uso metódico de la historia y la estadística. El sociólogo parece un partisano que pide que se le tolere que todo el tiempo recuerde que viene de cierta provincia, de cierta región, de cierto pueblo, aunque su bandera y su lucha sean la de un conjunto mayor.

El problema de esa solución clásica al vínculo entre lo sociológico y lo político no es su aceptación de los requerimientos de la filosofía política (los cuales de ninguna manera cabría desoír), sino su renuncia a explicar por qué los escritores políticos del siglo XX fueron tan duros con la ciencia social. ¿Por qué el temor y el desprecio a la sociología si ella no era tan distinta? ¿Se trató de un simple prejuicio? ¿Fue un malentendido agigantado entre lenguajes que en realidad son muy semejantes? Aunque lo vuelva más difícil de solucionar, entender el conflicto como una instancia productiva del pensamiento político reciente, y no como un simple desvío caprichoso, requiere buscar si acaso no hay un punto en que la sociología es irreductible a la extensa y variada tradición de la filosofía política. Ese punto, se propondrá aquí, es el problema de la destrucción.

Se ha dicho que la crisis de lo político y la sociología nacieron juntas. Se ha dicho también que la amenaza de la destrucción masiva de la humanidad es inseparable de esas crisis de lo político, sea como el temblor que la causa o como el horizonte incierto al que ella abre. En cambio, la relación entre estos dos problemas ha sido mayormente desatendida. Quienes sí la vieron fueron los grandes teóricos políticos del siglo XX, Hannah Arendt,

Leo Strauss, Carl Schmitt, quienes propusieron que la reflexión política no podía ser igual tras la aparición de la ciencia social, porque si desde Aristóteles a Hobbes la cuestión central de toda pregunta por el gobierno fue cómo evitar la ruina de la ciudad, el Estado o el cuerpo político, la sociología en cambio pareció decir, con una voz nueva que atemorizó por su calma, que la destrucción era imposible, a pesar de todos los peligros que asomaban o, peor aun, que la destrucción de vidas humanas no implicaba la destrucción de la sociedad.

III. Para tratar la cuestión planteada, este trabajo limitará toda referencia a la sociología al dominio del pensamiento y la obra de Émile Durkheim (1854-1917). Él, entre quienes han sido considerados fundadores de la sociología (Comte, Marx, Espinas, Worms, Tarde, Simmel, Tönnies, Weber y otros), fue quien más se dedicó a precisar el alcance de sus dominios, definiendo áreas de estudio, dando principios metodológicos, siendo el pionero de la institucionalización universitaria de la disciplina, organizando un amplio colectivo de trabajo guiado por un proyecto común y dirigiendo *L'Année sociologique*, la revista que funcionó como mayor indicador del estado de las ciencias sociales desde el fin del siglo XIX hasta la primera década del XX.[13] A su vez, definió la sociedad de modo tal que ella no podía ser estudiada por ninguno de los saberes entonces instituidos, enfatizando así la necesidad de establecer a la sociología como un conocimiento autónomo, e hizo que ese nuevo objeto llamado sociedad fuese tan amplio que se solapaba con otras disciplinas –economía, filosofía, política, antropología, psicología, biología, etcétera–, muchas veces valiéndose de sus aportes pero tratándolas como secciones de la empresa sociológica, considerada mayor y organizadora de todas las demás disciplinas humanísticas, ahora convocadas a un diálogo permanente y tenso.[14] Por estos motivos, la sociología durkheimiana puede funcionar como modelo o síntesis del conjunto de las ciencias sociales, permitiendo recortar un horizon-

---

13 Para un recorrido detallado por la vida y los trabajos del sociólogo, FOURNIER (2007).

14 El mejor estudio disponible sobre los numerosos entrecruzamientos disciplinarios entre los que emergió la sociología es el de MUCCHIELLI (1998).

La destrucción de la sociedad

te de trabajo que, siendo abarcable, permita pensar el conjunto de las relaciones entre la ciencia social y la reflexión política, en cuyo caso el problema de la destrucción como diferencial entre la sociología y la filosofía política podría considerarse también con otros materiales, como por ejemplo la dura crítica de Strauss a la ciencia social de Max Weber o el intenso debate entre la teoría de la acción comunicativa de Habermas y la teoría de los sistemas sociales de Niklas Luhmann.

Sin embargo, hacer del problema de la destrucción de la sociedad una clave privilegiada para leer a Durkheim puede parecer, en una primera aproximación, una maniobra poco atenta al contenido de su obra. Se trata de un tema del que el sociólogo no se ocupó ni en sus libros ni en sus artículos ni en sus clases. Por el contrario, sus investigaciones, elaboradas durante el claro de paz europea que se extendió desde el final de la Guerra Franco-prusiana hasta el inicio de la Primera Guerra Mundial, son precisamente un máximo de distancia respecto al temor ante la ruina de lo existente. Incluso cuando se ocupó de los problemas propios a las sociedades industriales modernas, sus diagnósticos fueron mucho menos dramáticos que los de los otros dos llamados padres fundadores de la sociología, Marx y Weber. Nunca se lee en sus páginas nada que amenace al orden social como una fatalidad.

Pero esa calma no implica que Durkheim haya desconocido el conflicto. Su trabajo, en buena medida, fue ocuparse de una serie de temores centrales a su época y, sin negarles lo que tenían de conflictivo y trastornador, afirmarlos como partícipes del orden social. Frente a la preocupación por que la vida urbana e industrial arrasara con los valores que habían sostenido al mundo en los siglos anteriores, en 1893, en *La división del trabajo social*, el sociólogo indicó que la creciente individualización de funciones, lejos de resquebrajar la vida común, era un fenómeno moral por el cual la sociedad ganaba nueva fuerza. Frente a la preocupación por el crecimiento del crimen y en pleno auge de la criminalística, en 1895, en *Las reglas del método sociológico*, el sociólogo propuso que el crimen es un fenómeno normal y necesario de toda sociedad. Frente al suicidio como episodio extremo de la enfermedad mental y desenlace trágico del distanciamiento entre los individuos y su mundo, en 1897, en pleno auge de la psicología, en *El suicidio*, el sociólogo afirmó que se trataba de un fenómeno eminentemente social. Frente al triunfo de la civilización y su imaginario sobre el pasado de la humanidad como paraíso inocente o pesadilla violenta, en 1912, en *Las formas elementales de la vida religiosa*, el sociólogo fue a buscar a los pueblos aborígenes de Australia no lo distinto al presente sino lo que hace al corazón del mismo. La sociología, en un atrevimiento que aún genera conflictos, se ocupó así de la individualización, el crimen, el suicidio y lo primitivo, serie de problemas que la filosofía política –largamente– había intentado resolver, pero lo hizo introduciendo un giro basado en entender que ellos no tienen solución posible en tanto son constitutivos de la existencia de las sociedades y no, como mucho se había temido, de su destrucción; para decir que esos fenómenos deben estudiarse pero no en la búsqueda de la clave que permitiría, al fin, sancionar la ley jurídica capaz de detenerlos, sino para describir las leyes naturales de su recurrencia y, en todo caso, ganar tal vez cierta capacidad futura para encausarlos.

La atención sobre estos movimientos es la que justifica leer el proyecto durkheimiano como un comentario crítico a la filosofía política.

IV. La lectura política de Durkheim aquí propuesta no obedece a la falta de tentativas similares. Por el contrario, se trata de responder a la impresionante diversidad de interpretaciones disponibles.

En 1911 el abogado y filósofo tomista Simon Deploige contó a Durkheim entre los sociólogos que describían sistemas morales sin proponer la elección de ninguno y mucho menos la realización de uno nuevo, incapaces por lo tanto de definir cursos de acción para el devenir y la mejora de la vida de los hombres.[15] Tal es el corazón de las críticas a la ciencia social realizadas desde la teoría política. Sin embargo, el reproche ha sido cuestionado tanto por la obra del sociólogo como por sus numerosos comentaristas.

---

15   DEPLOIGE (1912).

Durkheim jamás fue ajeno a las cuestiones políticas fundamentales de su tiempo, como es claro en sus muy concretos intereses y compromisos con la educación ciudadana, el individualismo racional y solidario, las formas políticas no revolucionarias, el pacifismo y –en definitiva– el proyecto de la Tercera República francesa. Su curso de 1902-1903 sobre la educación moral, la célebre intervención sobre el affaire Dreyfus realizada en 1898 en "El individualismo y los intelectuales", el curso sobre el socialismo de 1895-1896, las *Lecciones de sociología* de 1898-1900, sus textos sobre la Gran Guerra publicados en 1915, incluso *La división del trabajo social*, configuran un sólido cuerpo de textos políticos en la tradición de los escritos de Saint-Simon y Rousseau.

Por lo demás, sus apuestas políticas y científicas fueron leídas de variados modos según el curso de la historia de Occidente.[16] En 1896, Charles Andler desconfiaba del optimismo democrático de su empresa.[17] En 1909, Dominique Parodi veía en su sociología un lastre tradicionalista.[18] En 1931, Marion Mitchel le achacaba un exceso de nacionalismo.[19] En 1932, Paul Nizan lo retrataba como un autoritario al servicio del conservadurismo burgués.[20] En 1939 y 1941 fue acusado de proto-fascista y totalitario por Svend Ranulf y Carlton Joseph Huntlet Hayes.[21] En 1952, Karl Mannheim encontraba en él un exponente del positivismo burgués.[22] En 1948 y 1966, Émile Benoît-Smullyan y Robert Nisbet lo situaban como heredero del pensamiento conservador que reaccionó a la Revolución francesa.[23] También Lewis Coser y Alvin Gouldner, en 1960 y 1970, resaltaron el carácter conservador de la obra del sociólogo.[24] En 1970, Anthony Giddens presentó a Durkheim como teórico de un republicanismo liberal, caracteri-

---

16 Uno de los estudios más completos sobre las interpretaciones políticas, aquí tomado como referencia, se encuentra en ANDRADE WEISS (2011).

17 ANDLER (1896).

18 PARODI (1909).

19 MITCHEL (1931).

20 NIZAN (1965): 102-111.

21 RANULF (1939); HAYES (1941).

22 MANNHEIM (1952): 149.

23 BENOÎT-SMULLYAN (1948); NISBET (1966): 13.

24 COSER (1960); GOULDNER (1970): 119.

zación que se complementa con el retrato realizado en 1972 por Steven Lukes en su destacada biografía sobre el sociólogo.[25] En 1977, Jean-Claude Filloux planteó que la consigna política de toda la empresa durkheimiana era pensar un socialismo que entendiese a la creciente individualización como fuerza y no como obstáculo.[26]

En un ambicioso libro publicado en 1981, *Durkheim y la política*, Bernard Lacroix modificó el orden de las indagaciones sobre el tema al preguntarse ya no cuál era la contribución de Durkheim a una u otra tendencia ideológica, sino a la reflexión política en general. Más allá de que en la sociología pueda leerse una intencionalidad política, Lacroix reivindicó tratarla de manera integral como un capítulo ineludible de la filosofía política. En esa línea se ubica el presente trabajo, aunque sin compartir los resultados de tan valioso antecedente. La sociología, según Lacroix, deviene aporte al pensamiento político en la medida en que reivindica que "el hombre es artesano de su destino".[27] Tal idea, sin ser necesariamente errada, participa del ya mencionado movimiento que diluye la singularidad de la sociología. Es cierto que Lacroix se esforzó por marcar cuál es el aporte específico de la ciencia social, definido –básicamente– por una concepción del poder político no limitada al Estado, idea probablemente tributaria de una lectura de Louis Althusser y Michel Foucault manifiesta a lo largo del libro y que, por lo demás, no falta en autores de la filosofía política clásica.[28] Sin embargo, aquello que sigue sin explicación es por qué la teoría política del siglo XX, desde Deploige a Jacques Rancière, ha visto en la sociología un adversario. Esa cuestión tampoco tiene respuesta en algunos notables estudios recientes dedicados a pensar a Durkheim como autor político.

Raquel Andrade Weiss –siguiendo las indagaciones realizadas en las décadas de 1970 y 1980 por Ernest Wallwork, Robert Hall y William Watts Miller– discutió la influyente lectura de Deploige y realizó un valioso estudio sobre el modo en que la sociología de Durkheim ofrece "una fundamentación para todo un conjunto de

---

25   GIDDENS (1998): 103-146; LUKES (1984).
26   FILLOUX (1977).
27   LACROIX (1981): 106.
28   Véase ALTHUSSER (1970) y FOUCAULT (1975).

La destrucción de la sociedad

afirmaciones sobre la moral que no se limitan a explicar lo que la moral *es*, sino que prescriben lo que la moral –al menos la de su época– *debería ser*".[29] A pesar de que Weiss, como Lacroix, entiende que para Durkheim la moral es una construcción netamente humana –idea que está de acuerdo con la tradición central de la reflexión política de Occidente–, su estudio asume que la sociología fue considerada paralizadora de la política debido a que su componente cientificista habría diluido el componente político que ahora sería necesario depurar. Sin embargo, si bien es cierto que la teoría política del siglo XX tendió a desconfiar de lo guardado por el vocablo ciencia, los autores clásicos, de Platón a Hobbes, aspiraron a lograr una *ciencia política* sin ver allí contrariedad alguna, por lo cual, aun teniendo en cuenta las modificaciones del concepto de ciencia desde el siglo XVII al XIX, la explicación del desacuerdo no parece sustancial.

En otra senda, Bruno Karsenti ha entendido que la sociología durkheimiana prefigura las indagaciones filosóficas e históricas sobre las tecnologías de poder realizadas por Foucault y Giorgio Agamben y puede sumarse a ellas como un aporte central.[30] La propuesta es inspiradora y abre valiosos horizontes de investigación, pero Karsenti no hace saber por qué Foucault y Agamben, conocedores de la obra de Durkheim, la tomaron en cuenta sólo de manera tangencial o, directamente, la encontraron insoportable.[31]

Permanece sin explicación, tal como señaló Pierre Bourdieu, por qué Durkheim ha sido largamente tratado por la filosofía

---

29   ANDRADE WEISS (2010): 27. La autora trasciende así la distinción entre ciencia y arte con la que Durkheim, desde la primera clase de su curso de Ciencia Social en 1887 y hasta su texto final de 1917, "Introduction à la morale", separó el trabajo de la sociología del de la política: la ciencia estudia lo que es mientras el arte organiza sus recursos con vistas a lo que debe ser (DURKHEIM [2010a]: 88; DURKHEIM [1975]: 317). Respecto a los principales antecedentes de la investigación de Andrade Weiss: WALLWORK (1972); HALL (1987); MILLER (1996).

30   KARSENTI (2013 y 2006).

31   La obra de Agamben, especialmente en los volúmenes de *Homo sacer*, reconoce aportes de Durkheim pero como epifenómeno de un reconocimiento mucho más cruciales de la obra de Marcel Mauss. En 1965 Foucault, más terminante, declaraba: "el viejo realismo a la Durkheim, pensando a la sociedad como una substancia que se opone al individuo [. . .], me parece ahora impensable". FOUCAULT (2001: 469).

como un paria.[32] Sin esa respuesta ninguna lectura política de la sociología puede considerarse completa.

V. Este libro ofrece una lectura integral de la obra de Durkheim a la luz del problema específico recién planteado. No se trata por lo tanto de una exposición sistemática del contenido y desarrollo de sus temas y teorías, sino de un tratamiento selectivo de aquellos puntos en que el corpus de textos del autor aborda cuestiones relevantes a la diferencia específica de la sociología respecto a una heterogénea tradición de pensamiento político que va del siglo XVI al inicio del XXI y comprende los nombres de Bodin, Hobbes, Locke, Spinoza, Montesquieu, Rousseau, Bonald, Maistre, Tarde, Schmitt, Strauss, Arendt y Agamben, entre otros. Esa selección necesariamente acotada de autores busca funcionar como representación suficiente de las coordenadas generales en las que gravita la teoría política contemporánea.

A pesar de estos límites, el itinerario de la investigación es extenso y ambiciona servir de plataforma para una nueva lectura tanto de la obra durkheimiana como de la reflexión política occidental de los últimos siglos. Sin embargo, el objetivo del trabajo podrá considerarse realizado si provoca la idea de que la sociología y la filosofía política no pueden pensarse por separado.

Bajo esa nueva luz, es sobre todo el pensamiento de Durkheim el que muestra una imagen que puede resultar poco familiar y, por lo tanto, inquietante. La tarea es someter a la obra a un máximo de tensión en la que, aun asidos a la fidelidad a su letra, ella vibre a la par de las exigencias que impone el presente. Estamos en un momento en que diversos y numerosos motivos ponen a prueba la supervivencia de las disciplinas de conocimiento llamadas "humanísticas" y donde la sociología no sólo es la más amenazada, sino aquella a la que las demás ciencias humanas parecen dispuestas a sacrificar en primer término, como si con su silencio no fuera a perderse nada esencial. En tales condiciones, preguntarse por el punto en que la sociología ofrece su diferencia más específica con otros saberes, especialmente los de

---

32 BOURDIEU (2004): 15. Para una indagación más profunda en los problemas fundamentales de las lecturas dedicadas a Durkheim en el siglo posterior a su muerte, ver OTTONELLO (2016).

tipo político que han sido los más duros con ella, es formular una cuestión que, desde un margen, se dirige al corazón del presente.

Por último, es necesario advertir que este texto, reelaboración y ampliación de una tesis doctoral defendida en 2016 en la Facultad de Ciencias Sociales de la Universidad de Buenos Aires, tiene las marcas de una labor académica donde las citas funcionan como estructura fundamental de la legitimidad de los análisis y teorías montados sobre ellas. Sin embargo, el lector bien puede prescindir de atender a las numerosísimas notas al pie que acompañan al texto como cautas señales del origen de los argumentos. Esas notas tal vez sólo sirvan a otros investigadores, tal vez sean herramientas para abrir este libro a una crítica detallada, o tal vez son apenas marcas de una época en la que parece más sencillo esconder nuestra voz detrás de otras antes que asumir que ya en ella siempre hay más voces que las que se pueden consignar en un citado riguroso.

———■———

En el transcurso de los estudios en la Universidad de Buenos Aires que condujeron a esta investigación –posible gracias a una beca doctoral concedida por el Consejo Nacional de Investigaciones Científicas y Técnicas de la República Argentina– tuve la fortuna de conocer a Cecilia Abdo Ferez, quien me guió por el mundo de la filosofía política, y a Fabián Ludueña Romandini, quien hizo lo propio por los mundos de la especulación metafísica y me llevó a conocer caminos antes impensables. Esos encuentros son la base fundamental de esta labor. Para ambos, toda mi gratitud. Gracias también a Fernando Beresñak y Hernán Borisonik, compañeros de trabajo en el Instituto de Investigaciones Gino Germani, quienes con su amistad hicieron que esta labor sea más llevadera. Finalmente, gracias a Gerardo Miño, cuyo hermoso proyecto editorial permite que esta investigación sea un libro.

1 ■
LA PRESENCIA DE
LO INDESTRUCTIBLE

1.1. Émile Durkheim, en el texto que en 1894 dedicó a establecer las reglas generales de toda sociología, hizo dos afirmaciones que sus lectores de inmediato advirtieron como difíciles o peligrosas. Tras exponer que los hechos sociales se manifiestan como coacción sobre los individuos, escribió: "los fenómenos sociales son cosas y deben ser tratados como cosas. [...] En efecto: una cosa se reconoce principalmente por el hecho de que no puede ser modificada por un simple decreto de la voluntad"[1]. Luego, para dar cuenta del alcance de esa aproximación naturalista a los fenómenos sociales, ejemplificó: "el crimen es normal porque una sociedad libre de él es completamente imposible"[2]. Entre esas dos sentencias, una tercera ha pasado desapercibida a pesar de ser no menos inquietante:

> Ni siquiera podemos distinguir con una exactitud simplemente aproximada en qué momento nace una sociedad y en qué momento muere. Todos estos problemas, que incluso en biología están lejos de haber sido claramente resueltos, permanecen aún, para el sociólogo, envueltos en el misterio.[3]

Durkheim cuestionaba de ese modo tres de los pilares que sostuvieron las reflexiones filosóficas sobre la política desarrolladas en Occidente desde Platón y Aristóteles y hasta el siglo XIX: 1) la figura del político legislador como artífice del orden, 2) el estatuto

---

1 DURKHEIM (1919): 35 y 37.
2 *Ibídem.* 83. Sobre las primeras respuestas críticas a esta obra, véase el detalle ofrecido en PAOLETTI (1995).
3 DURKHEIM (1919): 66.

del crimen como acto desestabilizador por excelencia y, por tanto, 3) el conocimiento sobre lo que funda y lo que destruye a un orden social. En el desmoronamiento de esas bases se perfila la imagen de una sociedad existente más allá de las posibilidades del accionar humano. Esa aparición traía todo lo que la filosofía política moderna y sus ancestros clásicos habían intentado excluir.

Aunque nunca faltaron hombres explicando que las obras ejecutadas por sus propias manos eran colaboraciones con fuerzas no humanas, la filosofía política moderna occidental constituyó su especificidad en la negación de toda sustancia y eficacia directa a dioses, espectros, demonios y seres semejantes.[4] El corazón de las críticas políticas a la sociología siempre apuntó a los efectos letales de la reintroducción de las existencias metafísicas bajo el disfraz de lo social. La idea de una sociedad que funciona de manera autónoma y más allá del gobierno político, consolidada entre 1871 y 1914, cuando el capitalismo y la democracia se robustecían de la mano y Europa experimentaba la paz después de siglos cruzada por guerras, pronto fue leída como un exceso de confianza en lógicas sistémicas que supuestamente librarían a los hombres de conflictos, luchas y debates, pero que luego, desgobernadas, trataron a los propios hombres como obstáculo, desencadenando los grandes genocidios del siglo XX. Desde entonces los sociólogos han oscilado entre desentenderse del problema y lamentar el malentendido de que sus teorías se confundan con fuerzas anti-políticas. La triple crítica de Durkheim nunca volvió a ser articulada, como si se le temiera. (La única excepción a esa actitud cautelosa ante el contenido diferencial de la sociología ha sido el "abogado del diablo", Niklas Luhmann[5]).

La crítica a la prioridad del derecho como organizador de la vida común y la propuesta de entenderlo subordinado a formas sociales que escapan a toda voluntad legisladora es el único de los tres cuestionamientos de Durkheim que siempre se mantuvo visible, tema explícito de su primer libro publicado, *Contribución de Montesquieu a la constitución de la ciencia política* (1892), y motivo de numerosos comentarios entre quienes estudiaron su

---

4   Sigo en este punto la propuesta de lectura desarrollada en LUDUEÑA ROMANDINI (2014 y 2012).

5   Refiero aquí al título del notable ensayo que se le dedica en SLOTERDIJK (2011).

obra.[6] En cambio, la crítica al tratamiento clásico del crimen, a pesar de ser tan visitada como aquella otra, no ha merecido que se la considere en igual medida como un diferencial por excelencia entre la sociología y la filosofía política. Las páginas de *Las reglas del método sociológico* dedicadas a tal cuestión han sido reiteradamente confrontadas con las de la criminología de moda durante el último tercio del siglo XIX, pero no se han pensado en diálogo con los grandes textos políticos que, sin ser contemporáneos de Durkheim, siempre estuvieron presentes en su reflexión.[7] Bruno Karsenti es el lector que más se acercó a este horizonte al plantear que en la conceptualización durkheimiana del crimen y su alejamiento del problema de la guerra se puede ver, en línea con las investigaciones de Michel Foucault, la emergencia de un poder disciplinario normalizador como diferencia con un poder soberano dedicado a la destrucción de los enemigos.[8] Sin embargo, es posible ir un paso más allá y pensar que si el crimen cambia de estatuto entre la filosofía política y la sociología no es únicamente debido a las modificaciones en el régimen de castigo célebremente analizadas por Foucault, donde la normalización de los infractores aparece como una tecnología más refinada y productiva que su eliminación.

El entendimiento del crimen como fenómeno normal sin duda entraña un cálculo económico, pero la obra de Durkheim permite pensar que este se realizó menos ante un horizonte de ganancia que gracias a la constatación de un límite: el pasado no se extingue y no puede ser destruido. Se trata de una idea de progreso en la que el futuro siempre es más vasto que el ayer no por optimismo en el advenimiento de lo mejor, sino porque el pasado sobrevive incansablemente, porque hay estados de cosas indisolubles, porque la lucha se revela impotente en el exterminio de lo combatido, porque lo dado permanecerá y tal vez convenga trabajar con ello en lugar de intentar dejarlo atrás, porque el mundo crece y las existencias se multiplican. Por lo tanto, aun si la normalización del crimen puede inscribirse en la historia de las discipli-

---

6   DURKHEIM (1892). Algunos comentarios destacados: LACROIX (1981): 210-225; KARSENTI (2006): 34-53.

7   Como ejemplo de esa historiografía estricta, MUCCHIELLI (1998): 292-316.

8   KARSENTI (2006): 54-66.

nas, en la sociología de Durkheim ella responde a una ontología extraña a la filosofía política moderna.

En la intersección de las críticas primera y segunda que Durkheim dirigió a la filosofía política se manifiesta la tercera, que señala que los conceptos de principio y término que rigen la organización de los cuerpos tal vez son inútiles si la sociedad es una existencia metafísica.

1.2. En 1889, al sintetizar uno de los argumentos centrales de *Preservación y destrucción de las constituciones de los Estados según Platón, Aristóteles y Maquiavelo* (1888), de Wincenty Lutoslawski, Durkheim escribió: "Dos cuestiones dominan toda la doctrina de Aristóteles: cómo nacen las revoluciones y cómo prevenirlas. En otros términos, ¿qué es lo que hace morir a las constituciones?, ¿qué es lo que las hace durar?".[9] En esas preocupaciones quedaban cifradas las tareas centrales de la filosofía política.

La cuestión que domina a la sociología es, en cambio, por qué las revoluciones son imposibles. En otros términos, ¿qué es lo que hace que las sociedades resistan la muerte?, ¿qué es lo que las hace durar?

Desde el inicio de sus trabajos, para enfatizar que los hechos sociales responden a leyes que no pueden ser turbadas por ninguna voluntad humana, Durkheim sostuvo que "las revoluciones, en el sentido propio de la palabra, son tan imposibles como los milagros".[10] Esta postura es constante a lo largo de su obra, enunciada como oposición entre la "autoridad de la sociedad" y las "veleidades revolucionarias".[11] Durkheim estimaba, por ejemplo, que había numerosas continuidades y solidaridades entre el Antiguo Régimen y la Revolución francesa y advertía: "Cuidémonos entonces de creer en bruscas soluciones de continuidad. La enseñanza histórica fallaría en su objetivo si no diese cierta impresión

---

9   DURKHEIM (1975 c): 157.

10 DURKHEIM (1975 c): 485.

11 DURKHEIM (1990a): 24.

de que, siguiendo una expresión conocida, la historia no comienza, del mismo modo en que ella no termina en ninguna parte".[12]

Durkheim sí habló reiteradamente, por ejemplo, de una "revolución pedagógica" en curso, pero se trata en este caso de un proceso lento que llevó siglos. Del mismo modo, aceptaba que las ciencias del hombre y la sociedad debían mucho a la Revolución y los consiguientes cambios en las instituciones educativas,[13] pero ese acontecimiento político desencadenante era sólo el resultado final de una "revolución civil y moral" iniciada seis siglos antes.[14] Las revoluciones políticas eran, a sus ojos –según el testimonio de su estrechísimo colaborador Marcel Mauss–, "superficiales, costosas y más teatrales que serias".[15] Mauss mismo compartió esa visión sobre las revoluciones que es consustancial a la sociología y junto a Durkheim escribió que los grandes cambios no debían atribuirse a "movimientos revolucionarios y tumultuosos" sino a "procesos perfectamente lógicos".[16] Así mismo, en el artículo "Sociología" (1901), Mauss escribió junto a Paul Fauconnet que "las revoluciones jamás han consistido en la brusca substitución integral de un orden por otro nuevo".[17] En 1913 Mauss insistió en este tópico al comparar los aportes de los trabajos antropológicos de Lewis Henry Morgan y Edward Burnett Tylor con los del geólogo Charles Lyell, quien "substituyó la hipótesis de las revoluciones por la de las 'causas actuales' y la continuidad de las épocas geológicas".[18]

El concepto moderno de revolución, según Hannah Arendt, conlleva la idea de que la historia comienza súbitamente de nuevo.[19] La sociología de Durkheim es uno de los pensamientos que, a lo largo del siglo XIX, discutieron ese horizonte radical. Ya lo

---

12 DURKHEIM (1925): 317-318. En la misma línea, Durkheim insistió respecto a la continuidad de las corporaciones profesionales desde los orígenes de las ciudades y hasta el mundo moderno, en (2003): 81-82.
13 DURKHEIM (2014): 347.
14 DURKHEIM (2002b): 94.
15 MAUSS (1968c): 507-508.
16 MAUSS (1968b): 39.
17 MAUSS (1968c): 150.
18 MAUSS (1968c): 400.
19 ARENDT (1992): 29.

habían hecho Louis de Bonald en 1800 y Saint-Simon en 1823, al relativizar la originalidad de la fuerza de la Revolución francesa.[20]

A cien años de aquellos acontecimientos, Durkheim consideraba que las ideas de cambio total de la Revolución habían sido refutadas por el desarrollo de los hechos y que no cabía estudiarlas como a teorías susceptibles de ser comprobadas científicamente, sino como artículos de fe, preceptos de una religión.[21] El interés crítico de Durkheim hacia este tema no se dirigía sólo hacia la revolución pasada, sino también a la posibilidad de nuevos trastornos políticos debidos a una forma relativamente nueva de socialismo según la cual "la sociedad no se podría reconstituir más que por la destrucción de las naciones actuales":

> Es esta noción la que debe discutirse. Debe examinarse si socialismo y revolución destructiva se implican necesariamente. Es esa noción de una destrucción necesaria la que me parece falsa; ella es contraria a todo lo que conozco de hecho.[22]

1.3. Arendt también fue crítica de la voluntad revolucionaria de cambiarlo todo, prefiriendo, en vez del modelo de la Revolución francesa, el tipo de movimiento menos agresivo propuesto por la Revolución americana (retomando de algún modo la posición sostenida por Edmund Burke en su libro de 1790, *Reflexiones sobre la revolución en Francia*). Sin embargo, Arendt no creía que las revoluciones totales fuesen imposibles, al menos en su faceta destructiva, lo que dejaba abierta la posibilidad de que la vida humana se abisme hacia su completa extinción.

El malestar de la reflexión teórico-política de mediados del siglo XX respecto a la sociología encuentra precisamente varias de sus razones en la asunción de que esta última no habría sabido dimensionar los peligros en ciernes. Contra el apego positivista al mundo dado, propio de la ciencia social, diversos pensadores políticos, especialmente alemanes, apuntaron que esa actitud era insostenible tras las dos guerras mundiales, los campos de

---

20   BONALD (1800): 15; SAINT-SIMON (1823): 4-8 y 44.
21   DURKHEIM, "Les principes de 1789 et la sociologie" (2010a): 216-218.
22   DURKHEIM, "Internationalisme et lutte des classes" (2010a): 286.

exterminio y la bomba nuclear. En 1958, Karl Jaspers (a quien Arendt dedicó *Sobre la revolución*) consideraba que la situación ya no era equivalente a la de un pasado donde los peores desastres no podían exterminar a la humanidad y en el que cabía la confianza de que tras cada catástrofe habría sobrevivientes e ilesos, como si los restos entrañaran un nuevo principio: "Ahora el hombre no puede afrontar el desastre sin la consecuencia de la ruina universal; una idea tan nueva, como probabilidad real, que dudamos en pensar en ella".[23]

En otros términos, pero bajo un sentido similar, Strauss, en su célebre crítica a Max Weber, deploró la tendencia de la ciencia social a naturalizar y normalizar todo tipo de fenómenos, considerándola incapaz, por ejemplo, de dar cuenta de la crueldad y el horror de los campos de concentración.[24] A Strauss le inquietaba que el creciente predominio, desde el siglo XIX y a lo largo del XX, de la historia social, cultural y económica por sobre la historia política había encontrado su culminación en el concepto de "civilizaciones (o culturas)" utilizado en reemplazo de aquello que la filosofía política clásica había llamado *politeia* o "régimen". Mientras el régimen se entendía como el modo de vida de una sociedad, la constitución y distribución del poder que opera a su interior como fundamento a toda ley y, en definitiva, la forma de gobierno que determina su organización, la civilización, en cambio, entrañaba para Strauss un concepto difuso: "se dice que una civilización es una sociedad grande, pero no se nos dice con claridad de qué tipo de sociedad se trata". Al momento de pensar las diferencias entre civilizaciones, Strauss encontraba que los científicos sociales remitían a distinciones entre estilos artísticos, caracterizándolas así por algo que nunca está en el foco de las grandes sociedades, algo que jamás es capaz de moverlas a la guerra. "Nuestra orientación por vía de las civilizaciones, y no por regímenes, parecería deberse a un peculiar extrañamiento respecto de aquellos asuntos de vida y muerte que mueven y animan a las sociedades", escribió.[25] Las ciencias sociales, entonces,

---

23 JASPERS (1961): 318.
24 STRAUSS (2014): 107. Arendt utiliza un argumento similar en su texto de 1953 donde respondió a la reseña de Eric Vogelin a *Los orígenes del totalitarismo*.
25 *Ibídem*. 180-183.

serían contemporáneas de la incapacidad de pensar lo vital y lo mortal para las sociedades.

En 1913, Durkheim y Mauss escribieron un texto que se ofrece como ejemplo claro de lo señalado por Strauss. Contra la idea de que el agrupamiento más vasto que se puede encontrar sería el constituido por la sociedad política y contra la asunción de que la vida colectiva sólo podría desarrollarse al interior de organismos políticos de contornos nítidos, los sociólogos enfatizaron la existencia de un dominio que excede los límites de las naciones, los estados y los pueblos y que está conformado por instituciones que, a diferencia de las políticas y jurídicas, se caracterizan por el modo en que tienden a funcionar a nivel internacional (los mitos, los cuentos, la moneda, el comercio, las artes, las ciencias y técnicas): el dominio de la civilización.[26] En el concepto de civilización, efectivamente, se muestra en toda su plenitud el modo en que la sociología durkheimiana des-jerarquizó a la política de su larga posición teórica como centro fundamental de la sociedad.

Sin embargo, con el siglo XX la civilización misma habría descubierto no ser ajena a las cuestiones de vida y muerte. "Ahora las civilizaciones sabemos que somos mortales", escribió Paul Valéry en 1918, al finalizar la Primera Guerra Mundial.[27] Frente a esa amenaza, la sociología podría haber dejado de existir, aceptando su error ante las grandes guerras y exterminios que no supo prever. Durkheim, en efecto, desgarrado de tristeza por las muertes en batalla de numerosos colegas y afectos, incluido su hijo André, en 1917 confesó a un amigo no poder evitar "ver a los hombres y a las cosas con los ojos de un hombre que ya dejó la vida".[28] Un mes después el sociólogo murió. Diez años más tarde, el equipo de trabajo dirigido por Durkheim estaba desintegrado a pesar de que sobrevivieron miembros notables: Mauss, Marcel Granet y Antoine Meillet, entre otros. No fue hasta 1959 que un historiador no proveniente de esa escuela (aunque tampoco ajeno a ella), Fernand Braudel, respondiendo a Valéry y no sin gran atrevimiento, retomó aquella voz casi completamente silenciada para sugerir que las civilizaciones "no son 'mortales'", que "sólo

---

26   MAUSS, "Note sur la notion de civilisation" (1968b): 451-455.
27   VALÉRY (2005): 4.
28   DAVY (1919): 181.

son perecederas sus flores más exquisitas, sus éxitos más excepcionales; pero las raíces profundas subsisten a muchas rupturas, a muchos inviernos"[29]. El núcleo inquietante de la sociología, aunque tenue, sobrevivió y todavía insiste.

Que se baraje la posibilidad de que un acontecimiento destructivo (singular o múltiple) pueda acabar tanto con todo cuerpo político existente como, por añadidura, con la humanidad, lejos de ser excusa para abandonar una interrogación sociológica como la durkheimiana, constituye un horizonte cuya capacidad perturbadora reclama más bien que la teoría avance hacia él, enfrentándose al trabajo de extremar sus consecuencias sobre el más radical de los escenarios. En 1887, en su primer texto importante, Durkheim dejó constancia de la dificultad de abordar esa cuestión:

> La idea de que en algunas generaciones nuestra patria podría dejar de existir nos resulta muy dolorosa, pero esa misma perspectiva nos resulta mucho más soportable si la postergamos algunos miles de años. En definitiva, algo que no podemos llegar a pensar en ningún caso: es que, incluso en miles y miles de años, la humanidad toda entera pueda desaparecer sin dejar rastro en el mundo.[30]

El proyecto sociológico de Durkheim tal vez sólo puede resultar actual en la medida en que esa imposibilidad de pensar la destrucción absoluta se mantenga en pie incluso ante los peligros que parecieron desmentirla. Las grandes catástrofes ejecutadas y planificadas en el siglo XX, empezando por la Primera Guerra Mundial (trágica y demoledora para todos los durkheimianos), pueden ser otra cosa que el espacio exterior ante el que la sociología queda en silencio para que hable, más cauta y más activa, la política. En definitiva: si la sociología implica un concepto novedoso de lo social, es válido e incluso necesario buscarlo en la relación entre las sociedades y aquello que puede destruirlas, o no.

---

29   BRAUDEL (1970): 187.

30   DURKHEIM, É., "La science positive de la morale en Allemagne", *Textes 1*. Éléments d'une théorie sociale, Paris: Les Éditions de Minuit, 1975, p. 319.

1.4. Que la sociedad sea incapaz de padecer destrucción es una idea que no se desprende de la sola lectura de la obra de Durkheim, aun si es esencial a la articulación de toda su sociología. Esa posibilidad únicamente emerge ante un trabajo comparativo entre la sociología y la filosofía política.

Es conocida la diferencia entre una y otra al nivel del lazo social, es decir, la respuesta de cada una a la pregunta acerca "de dónde viene la fuerza obligatoria de los contratos".[31] En *Las reglas,* Durkheim caracterizó la forma sociedad de la filosofía política contractualista en los siguientes términos:

> Es una obra de arte, una máquina enteramente construida por la mano del hombre y que, como todos los productos de ese tipo, sólo es lo que es porque los hombres lo quisieron así; un decreto de la voluntad la ha creado, otro decreto la puede transformar. Ni Hobbes ni Rousseau parecen haber percibido todo lo que hay de contradictorio en admitir que el individuo sea él mismo el autor de una máquina que tiene por función esencial dominarlo y constreñirlo, o al menos les pareció que, para hacer desaparecer esta contradicción, bastaba con disimularla a los ojos de sus víctimas por medio del hábil artificio del pacto social.

A continuación, el sociólogo proponía su alternativa:

> Sin duda hacemos de la coacción la característica de todo hecho social. Sólo que esta coacción no resulta de una maquinaria más o menos ingeniosa destinada a ocultar a los hombres las trampas en las que ellos mismos se han metido, sino que se debe, simplemente, a que el individuo se encuentra en presencia de una fuerza que lo domina y ante la cual se inclina. Pero esta fuerza es real. No deriva de un dispositivo convencional que la voluntad humana ha sobreañadido completamente a lo real, sino que surge de las entrañas mismas de la realidad; es el producto necesario de causas dadas.[32]

Sin embargo, la consecuencia política más importante de esta nueva noción del vínculo social, es decir, el hecho de que la socie-

---

31   DURKHEIM (2011): 39.
32   DURKHEIM (1919): 149-150. Para un mayor desarrollo de la crítica al papel fundacional del contrato, véase (2003): 237-281.

dad no puede padecer destrucción, sólo se hace visible al realizar esa comparación a partir del problema del crimen.[33]

Que la obra de Durkheim pueda ser recorrida integralmente siguiendo el problema del crimen no debe sorprender si se tiene en cuenta cómo éste ha sido central para toda la reflexión moderna sobre la organización de las relaciones entre los humanos. Incluso es posible remontarse más atrás en el tiempo.

Tanto en la mitología griega como en la judeo-cristiana los hombres se volvieron artífices de su propio destino desde el momento en que perdieron el favor de los dioses por la pena que se siguió de un crimen. Prometeo robó el fuego para los hombres y Zeus no sólo lo condenó a un sufrimiento interminable, sino que castigó a la humanidad toda con los males enviados como presente a Pandora.[34] Adán y Eva infringieron el llamado de Dios a no comer del árbol de la ciencia del bien y del mal, so pena de muerte, y fueron expulsados de la vida eterna y sin sufrimientos que gozaban en el jardín del Edén.[35] Un Dios enfurecido, enterado de que los ángeles habían intimado con las mujeres humanas y les habían enseñado los secretos divinos, anunció la destrucción y el castigo para todos los corruptos.[36] Occidente pensó durante largos siglos que las libertades y las penurias de los hombres, aquellas que los obligan a organizarse incesantemente para buscar resguardo ante los peligros a los que asomaron, son consecuencia de un acto criminal. La sociedad humana es criminal desde su origen. Y la sociedad humana se separó de la divina porque tras el crimen fue condenada a la mortalidad. La

---

33 A modo de advertencia sobre los términos utilizados: el derecho romano antiguo (véanse los Libros XLXVII y XLVII del *Digesto* (533) y el Libro IX del Código Justiniano) diferenciaba entre *delictum*, referido a los ilícitos castigados por el derecho civil y cuyas penas eran privadas, y *crimen*, referido a los ilícitos castigados con pena pública por el derecho penal, según consta en PRODI (2008): 31. Por otra parte, en la literatura cristiana medieval *crimen* tipificaba las obediencias activas a la ley, mientras que *delictum* refería a la omisión a obedecer una orden (*ibídem*: 40). De acuerdo con la progresiva indistinción entre los términos, desde el siglo XII hasta la modernidad, en lo sucesivo, si bien se preferirá hablar de *crimen*, *delito* valdrá como sinónimo: en todo caso siempre se tratará del universo total de las infracciones posibles. Esta distinción ha sido advertida en DURKHEIM (1991): 58.

34 HESÍODO, *Teogonía*, 535-615; *Los trabajos y los días*, 45-105.

35 *Génesis* 3:1-24.

36 *Enoch* 6-11.

posibilidad de la destrucción ha sido así el límite constituyente de lo político-social.[37]

Pensar la sociología de Durkheim requiere dar cuenta del trastorno de ese límite. Los inestables inicios de la modernidad, desde la Reforma Protestante a la Revolución Francesa, sirven como punto de partida para este análisis, en tanto allí se dieron simultáneamente dos movimientos que la ciencia social criticará y disociará. Por una parte, entre los siglos XVI y XVIII, la definición de crimen proliferó desde múltiples discursos, no sólo jurídicos, extendiéndose sobre numerosísimas prácticas que, por primera vez, se encontraron bajo esa categoría. En un estudio que es un antecedente central para el modo en que en este trabajo se entiende la importancia y singularidad del crimen en la modernidad temprana, Cecilia Abdo Ferez escribió: "el crimen pasa a ser una idea-fuerza que lo puede abarcar todo, tan amplia y tan confusa como posibilitadora (por esa misma amplitud y confusión) de represión teológica-política a gran escala. Crimen es herejía, es robo, es adulterio, es profecía, es la caza de ciervos, es el talado de árboles, ¿qué es; qué no es? No puede establecerse con precisión a qué se le está llamando *crimen* en este tiempo".[38] Por otra parte, y en otro sentido, desde la filosofía política se propuso como motivo central de la autoridad la pacificación completa de la sociedad mediante la represión absoluta de todo crimen.[39]

La sociología se establecerá más allá del miedo a la proliferación del crimen y también más allá de la utopía de su eliminación definitiva.

---

37 Tal vez el documento más importante de esta fundamentación de la ciudad terrena como distinta a la divina es *La ciudad de Dios* de Agustín de Hipona, especialmente los Libros XII-XV.

38 ABDO FEREZ (2013): 20-21, 51. Respecto al problema criminal durante el periodo puede consultarse WEISSER (1979). También es ilustrativo el trabajo dedicado a la reforma penal de Inglaterra en 1723 en THOMPSON (2010).

39 Para un tratamiento donde la supresión de todo conflicto es considerada como constitutiva de la filosofía política de la temprana modernidad, especialmente la hobbesiana, véase RINESI (2003).

2 ■
LA AMENAZA DEL CRIMEN

2.1. Uno de los problemas fundamentales de la modernidad fue cómo pensar al soberano como un actor dinámico que sin estar restringido por las leyes vigentes no se confundiera con un criminal.

En 1576, en *Los seis libros de la república*, Jean Bodin consideró que la marca más propia de la soberanía, aquella en la que están comprendidos todos sus derechos, es "la facultad de dar y quebrar la ley".[1] La idea no es distinta de la articulada casi un siglo después cuando Thomas Hobbes, en *Leviatán* (1651), explicaba que el soberano es quien hace la ley, quien puede abolirla y quien no está sometido a ella.[2] De acuerdo a la célebre definición ofrecida en 1922 por Carl Schmitt en su lectura de estos autores, "soberano es quien decide sobre el estado de excepción".[3]

Que en el fundamento de un derecho político estuviese el desamparo legal era un modo de romper con la pregunta por qué ley autoriza al poder, cuestión que desde la Edad Media se expresaba para Occidente en la competencia entre la autoridad sagrada pontificia (*auctoritas sacra pontificum*) y el poder real (*regalis potestas*).[4] La solución moderna a ese conflicto fue considerar la *auctoritas* y *la potestas* no como dos poderes diversos sino como aspectos de uno mismo, de modo análogo a lo que sucedía en la república romana con el complemento entre la *auctoritas* de los

---

1   BODIN (1993), Libro I, Cap. X: 162-163.
2   HOBBES (1929), Cap. XXVI: 204.
3   SCHMITT (2009): 13.
4   GELASIUS I, "Epistola VIII", *Patrologia Latina*, Tomo LIX: 42.

senadores y la *potestas* de los magistrados. En esa síntesis se articuló la figura del soberano.[5] Así, el problema ya no era si los monarcas debían obedecer a la Iglesia o al revés, sino asumir que toda ley (*potestas*) guarda un espacio de excepción que a la vez la garantiza (*auctoritas*).

De la mano de estas nuevas conceptualizaciones del poder viene la preocupación expresada por Bodin desde la primera página de su gran tratado político, la urgencia por distinguir entre "los gobiernos rectos" y "las bandas de ladrones y piratas", el temor a que el más allá de las leyes que da fuerza a la soberanía se confunda con el que ocupa el crimen. El riesgo nunca ha desaparecido y hace siglos articula las dos estrategias entre las que se agota el grueso de las discusiones políticas contemporáneas: la guerra contra el crimen desde los poderes legales y la acusación de que esos mismos poderes son tanto cómplices de crímenes como criminales ellos mismos. La pregunta necesaria es si hay un pensamiento que nos permita salir del espiral de denuncias que se presenta como casi la única arma contra los males que aquejan al mundo.

2.2. En las últimas décadas, estudios históricos y filosóficos como los de Michel Foucault, Jacques Derrida y Giorgio Agamben han sido ejemplos de la creciente preocupación por si acaso el crimen no es sólo el límite borroso del que la soberanía debe saber separarse, sino su recurso más propio.[6] Ya Max Weber, a inicios del siglo XX, había advertido sobre la importancia creciente de los vínculos entre organizaciones políticas y organizaciones criminales.[7] Sin embargo, mientras Weber describía una escena trágica e inalterable (en el mismo sentido en que señalaba que las burocracias sólo desaparecen "con el hundimiento total de la civilización conjunta que las sustenta"[8]), lo singular de una obra como la de Agamben es que no sólo no se resigna a constatar la creciente imposibilidad de distinguir entre la transgresión de la

---

5   FUEYO ÁLVAREZ (1968); BRAVO GALA (1997).
6   FOUCAULT (2001); DERRIDA (2010); AGAMBEN (1998).
7   WEBER (1999): 1089-1090.
8   *Ibídem*. 1072-1073.

ley y su ejecución, entre lo que es conforme a la norma y lo que la viola,[9] sino que propone hacerlo mediante un movimiento diverso al reiterado y cada vez más problemático intento de sumar nuevas leyes que refuercen y optimicen a las vigentes.[10] Contra la suspensión del derecho en nombre de su mejor puesta en funcionamiento, tal como ocurre en el estado de excepción, y a diferencia de la escritura de un texto jurídico mejor y más verdadero, tal como sueña la filosofía política, Agamben pensó en dejar inefectivos todos los códigos vigentes, en un futuro donde la humanidad pueda jugar con ellos como los niños lo hacen con los objetos sin uso, en liberarlos de sus funciones originales, en una suspensión definitiva donde la inoperatividad del derecho no sea ya signo de su impotencia, sino de su poder de hurtarse de todo mandato.[11] Semejante espera mesiánica de que los textos jurídicos se revelen como poesía es significativa de la necesidad teórica y política de pensar un concepto de justicia que sea distinto a la persecución de los crímenes y a la reparación de sus daños mediante el castigo. Pero la pregunta que insiste es si alcanza desembarazarse de la forma jurídica para dejar atrás el paradigma que hoy hace de casi toda política una forma policial.

Agamben en reiteradas ocasiones indicó que lo que ocurre en el estado de excepción sucede menos contra la ley que gracias a su suspenso y se sale, por lo tanto, del concepto de crimen, que hay verdades cuya consistencia no es jurídica, que los juicios y derechos no agotan –por ejemplo– el problema de lo acontecido en los campos de exterminio durante la Segunda Guerra Mundial y que, en definitiva, es imposible identificar cuál fue el crimen específico que se cometió en Auschwitz.[12] A ese espacio de excepción más allá tanto de la ley como del crimen, Agamben lo llama *anomia*. La elección del término es singular ya que si bien la palabra griega ἄνομος (sin-ley) tiene una extensísima trayecto-

---

9 AGAMBEN (1998): 78.

10 Sobre la situación crítica de un derecho hipertrofiado, véase PRODI (2008).

11 AGAMBEN (2004): 119-121. Otras elaboraciones del autor sobre un derecho sin aplicación y sobre la potencia de no hacer uso en (2007): 323-368. También (2005): 97-119.

12 AGAMBEN (1998): 132-133, 193 y 221-222; (1999): 17, 19-20 y 81. El tema de los límites y la crisis de la forma jurídica también se trató respecto a los acontecimientos que llevaron a la crucifixión de Cristo, en AGAMBEN (2014).

ria en gran diversidad de textos jurídicos y religiosos, hacia fines del siglo XIX se encontraba prácticamente en desuso y sólo con la obra de Émile Durkheim ganó nueva popularidad y nuevo sentido como uno de los conceptos fundamentales de su sociología. La intención expresa de Agamben es criticar el uso sociológico del término bajo la consideración de que Durkheim neutralizó su especificidad jurídica, señalamiento justificado aun cuando su breve caracterización del concepto en la obra del sociólogo es muy pobre y errónea.[13] Atender a este punto tan pequeño importa en la medida en que muestra cómo un lector agudo como Agamben, incluso viendo que la anomia sociológica no es un concepto jurídico, asumió que los términos de la sociología incurren en una mera omisión del problema jurídico y no concedió entenderlos como un modo de reformular sus preocupaciones. Agamben, aun queriendo pensar más allá de los usos actuales del derecho, lee a Durkheim y lo reenvía al derecho como si los problemas fundamentales todavía estuviesen ahí, sólo que necesitando ser dichos de otro modo. Ese problema es el del crimen como peligro por excelencia.

Agamben rehúsa hablar de crímenes ante escenas en las que reconoce que se han cometido "atrocidades",[14] de modo que se entienda que los homicidios, los encierros y las torturas, incluso sin ser legales, pueden ser otra cosa que violaciones a la ley. Pero, sea con la anuencia del derecho o sin ella, el peligro claro es la creciente extensión de una zona anómica que ha dejado de ser excepcional para constituirse en regla y "está conduciendo a Occidente hacia la guerra civil mundial".[15] Sobrevienen la violencia, la destrucción, el desamparo de la vida, la muerte. Lo que ocurre en el espacio anómico tal como lo definió Agamben no es que no hay crimen (por defecto o desborde del término), sino que aun si abunda es indecible por unas legislaciones que, cada vez más abismadas al uso de la excepción, se han tornado ilegítimas.[16] A pesar de que se le niegue el nombre por desbordar al derecho, esa violencia que aniquila la vida es de tipo criminal y

---

13 AGAMBEN (2004): 125-126.
14 AGAMBEN (1998): 222.
15 AGAMBEN (2004): 156.
16 AGAMBEN (2013): 11-15.

toda la obra de Agamben está preocupada por encontrar una forma de justicia que detenga ese gesto con una respuesta distinta al castigo (idea que –el filósofo lo sabe bien– ya es la de toda una vertiente del cristianismo).

Lo que se juega en el concepto durkheimiano de anomia es en cambio la posibilidad de pensar los problemas sociales sin el horizonte de la destrucción y el exterminio como transgresiones máximas. Que ese es un modo de manifestar indiferencia ante los horrores del mundo es una interpretación que ya se hizo y que nada permite negar en pleno. La lectura comparativa de Durkheim con algunos textos fundamentales de la filosofía política permite también abrir otros horizontes.

2.3. "Por el delito de un hombre reinó la muerte", escribió Pablo de Tarso.[17] Ante este problema derivado del pecado de Adán y Eva, las filosofías políticas de Bodin y Hobbes propusieron una solución distinta a la vida individual eterna prometida por Cristo y el consiguiente triunfo definitivo sobre la muerte. Bodin explicó:

> La ley dice que el pueblo jamás muere, y sostiene que cien, aun mil años después, es el mismo pueblo [...]. Pues presumiendo que todos quienes viven murieran en cien años, son inmortales por sucesión, como la nave de Teseo, que dura tanto como se tenga el cuidado de repararla. Pero así como la nave no es más que madera, sin forma de buque, cuando se le quitan la quilla, la proa, la popa y la cubierta, así la República, sin la potencia soberana que une todos los miembros, las partes, los hogares y los colegios en un mismo cuerpo, deja de ser una República. Y sin salir de la similitud, así como la nave puede ser desmembrada en muchas piezas, o quemada por completo, así el pueblo puede ser disgregado, o incluso extinguido, manteniéndose de todos modos la villa: pues la ciudad no está formada ni por la villa ni por las personas, sino por la unión de un pueblo bajo un señor soberano, aun si no hay más que tres hogares.[18]

---

17 *Romanos* 5:17. El término griego del texto paulino no es "delito", sino una modulación de παράπτωμα, cuyo significado corresponde a "traspié" o "desviación". En la versión latina del texto a cargo de Jerónimo de Estridón, oficializada por la Iglesia como *Vulgata*, el término usado sí es *delicto*.

18 BODIN (1993), Libro I, Cap. II: 67-68.

Bodin resaltó la distancia fundamental de la filosofía política moderna respecto a la antigua a partir de leer a Platón, para quien, escribió, "la República que había planeado, y que a muchos parecía tan perfecta como para ser eterna, seguiría cambios y llegaría a la ruina –incluso si no cambiasen sus leyes– del mismo modo en que ocurre a todas las otras cosas del mundo".[19] La soberanía instituye para la política un tipo de inmortalidad que los hombres no pueden asegurar para sus vidas, enseñándoles a prevenir la ruina de las repúblicas.[20] Esto no significa que esa inmortalidad pueda ser eterna, ya que Dios estipula que las repúblicas desparezcan después de cierto número de años, pero Él "abandona a veces el curso ordinario de las causas naturales, lo pasa por alto a fin de que no se piense que todas las cosas siguen un destino fatal".[21]

Entre las causas de "las sediciones y guerras civiles" que llevan al colapso de los Estados y las Repúblicas, Bodin mencionaba la opresión de la plebe, la distribución desigual de penas y recompensas, la excesiva riqueza de unos pocos, la extrema ociosidad de los súbditos y, sobre todo, como la más importante, "la impunidad de los delitos", al punto que "los príncipes y magistrados que se afectan a la gloria de ser misericordiosos arrojan sobre sus cabezas las penas merecidas por los culpables".[22] Sin ambigüedades, la lucha contra el delito es presentada como el mejor modo de luchar contra la muerte del cuerpo político.

Por su parte, Hobbes escribió: "Nada pueda ser inmortal de cuanto hacen los mortales, pero si los hombres tuvieran el uso de razón que pretenden, sus repúblicas podrían, al menos, estar seguras contra la muerte por dolencias internas".[23] Al precisar cuáles son las causas evitables que llevan a la ruina de las repúblicas, Hobbes se ocupó fundamentalmente de todas aquellas

---

19   *Ibídem*, Libro IV, Cap. II: 341-342. Bodin refería a PLATÓN, *La República*, 564a. Platón también escribió sobre la inevitable destrucción cíclica de los hombres y sus ciudades en *Timeo*, 22 b-c. Una crítica a Platón similar a la de Bodin, en HOBBES (1929), Cap. XXXI: 284-285.

20   BODIN (1993), Libro I, Cap. III, 353.

21   *Ibídem*, Libro I, Cap. I: 351.

22   *Ibídem*, Libro IV, Cap. VII: 403. La consigna se repite, siempre con mucha fuerza, en el capítulo I del mismo Libro, así como en el capítulo IV del Libro V y el I del Libro VI.

23   HOBBES (1929), XXIX: 273.

                                        La destrucción de la sociedad

que brotan de la atenuación y división de su poder, indicando que se disuelven sin remedio todos los cuerpos políticos que nacen ya aceptando estar constituidos por algún tipo de división. La impunidad de los crímenes no aparece aquí, como sí en Bodin, como peligro mayor. Sin embargo, debe tenerse en cuenta que para Hobbes los crímenes nunca son anteriores a las leyes que los sancionan, y que por lo tanto los modos de institución política que degradan el poder soberano absoluto, aun si destrozan la república y junto a ella a los hombres que la componen, no son criminales. En este punto se vuelve central la distinción de Hobbes entre pecado y delito.

> Un pecado no es sólo una transgresión de una ley, sino también cualquier desprecio al legislador. Porque tal desprecio es una ruptura simultánea de todas sus leyes. [...] Un crimen es un pecado consistente en la comisión (por acto o palabra) de aquello prohibido por la ley, o en la omisión de lo mandado por ella. Con lo cual todo crimen es un pecado, pero no todo pecado un crimen. [...] Partiendo de esta relación [...] puede inferirse en primer lugar que allí donde la ley cesa, cesa el pecado. Pero dado que la ley natural es eterna, la violación de los pactos, la ingratitud, la arrogancia y todos los hechos contrarios a cualquier virtud moral nunca pueden dejar de ser pecado. En segundo lugar, que al cesar la ley civil cesan los crímenes, pues no quedando otra ley salvo la natural, no hay lugar para la acusación, siendo cada hombre su propio juez y estando acusado exclusivamente por su propia conciencia, y absuelto por la rectitud de su propia intención. En consecuencia, cuando su intención es recta, su acción no es pecado. En otro caso, su acción es pecado, pero no crimen. En tercer lugar, que cuando cesa el poder soberano, cesa también el crimen, porque allí donde no hay tal poder no existe protección que obtener de la ley.[24]

En esa asimetría entre pecado y crimen está el fundamento de la necesidad del soberano. Hobbes propuso que cuando no hay una república instaurada los hombres viven en un estado de guerra de todos contra todos en el que nada puede ser injusto y donde no tienen lugar las nociones de bien y de mal, ya que donde no hay un poder común no hay ley ni, por lo tanto, injusticia

---

24 *Ibídem*, XXVII: 224-225.

alguna.[25] ¿Qué noción de lo bueno y lo malo lleva entonces a los hombres a preferir el estado civil al estado de guerra? Hobbes indicó que las pasiones que inclinan a los hombres a la paz son el temor a la muerte, el deseo de lo necesario para una vida confortable y la esperanza de obtenerlo por su industria. La razón, estimaba, sugiere a los hombres disposiciones que llevan a la paz, llamadas "leyes naturales". Y la primera ley natural, aquella de la que se siguen todas las demás, es "la prohibición al hombre de hacer aquello que sea destructivo para su vida".[26]

No esforzarse por vivir es, entonces, antes de toda ley civil, un pecado.[27] Adán y Eva fueron pecadores porque rehusaron del árbol de la vida para alimentarse del árbol del conocimiento del bien y del mal. De aquí se sigue que los hombres en estado de guerra no sólo no cometen crimen alguno al terminar con las vidas de otros, sino que asesinar tampoco es un pecado. Lo que sí constituye pecado es no hacer uso de los medios disponibles para alcanzar la paz. Es pecado, por lo tanto, que los hombres no pacten para constituir una república bajo la cesión de sus derechos a un soberano que los proteja con las leyes y la espada. Es pecado que no se marque la existencia del crimen.

La función soberana por excelencia es traducir los pecados a crímenes que puedan ser castigados. Es al respecto notable que el proceso que llevó a la definición moderna de soberanía coincida con aquél otro que llevó a que la muerte por mano propia, no sancionada por el derecho romano y acto sin un nombre propio hasta la baja Edad Media, desbordó la esfera cristiana que lo trataba como pecado para ser definido como suicidio y crimen.[28] Ahora bien, en tanto los pecados siempre son más que los crímenes, la tarea soberana es virtualmente infinita. Ese horizonte es el que hace que Hobbes reclame para la soberanía un poder absoluto.

---

25 *Ibídem*, XIII: 96.

26 *Ibídem*, XIV: 99. Por qué las leyes naturales no necesitan de promulgación escrita fue explicado por Hobbes en el Cap. XXVI: 208-210.

27 También en el siglo XVII y bajo argumentos que no son equivalentes a los de Hobbes, Baruch Spinoza escribió: "el hombre en estado de naturaleza, cuando peca lo hace contra sí mismo". En SPINOZA (2003), II, §21: 44.

28 Sobre la criminalización del suicidio MORIN (2008 y 2009).

La destrucción de la sociedad

Pecado y crimen no son en este modelo dos áreas de la penalidad que se solapan y disputan. Mientras la ley natural concierne a la preservación de la propia vida, la ley civil se ocupa de la limitación de las acciones de los demás: ambas funciones coinciden de manera plena en la soberanía.

2.4. Entre los motivos que pueden llevar a la disolución de una república, las malas constituciones que no otorgan poder absoluto al soberano no son crímenes, pero, de acuerdo al argumento de Hobbes, sí son pecados, ya que atentan contra su propia integridad.[29] La tarea del soberano es hacer que todo intento de dividir o limitar su poder sea considerado criminal.[30] Una vez que los pecados que introducen la sedición están salvados por el poder absoluto, el poder soberano sólo puede ser disuelto por el triunfo de un enemigo en una guerra exterior o intestina.[31]

Ninguna república, ni siquiera la llamada Leviatán, puede escapar a la violencia de una guerra exterior, posibilidad inmanejable y más allá de la ciencia política hobbesiana. La pregunta que sí resuena es si acaso la república propuesta por Hobbes puede sufrir una guerra civil. En efecto, eliminadas las grietas en la institución de la república se anula la chance de que una sedición se ampare en las leyes, pero no se termina el desprecio al soberano, sino que se fuerza a que, para manifestarse, deba asumir forma criminal. Son estos los terrenos difusos de los crímenes de lesa majestad, aquellos perpetrados "contra el estado actual de la república" y cuyo "daño se extiende a todos".[32] Al listar estos crímenes Hobbes escribió: "De esta índole son traicionar las fuerzas o revelar los secretos de la república a un enemigo; y también todos los atentados contra el representante de la república, sea éste un monarca o una asamblea, y todos los esfuerzos de palabra u obra para disminuir su autoridad, tanto

---

29 Similar en Spinoza: "La ciudad incurre en pecado cuando actúa o permite actuar de tal manera que los actos ejecutados puedan ser la causa de su propia ruina". SPINOZA (2003): IV, §4: 55.

30 El entendimiento de la división de principios de gobierno como pecado puede rastrearse en la bula de 1302 dictada por el papa Bonifacio VIII, *Unam sanctam*.

31 HOBBES (1929), XXIX: 257.

32 *Ibídem*, XXVII: 263.

en el presente como en lo sucesivo".[33] La definición es lo bastante amplia como para que en ella pueda caber toda clase de transgresiones. Más aun, al final del capítulo dedicado a los crímenes Hobbes indicó que "dado que en casi todos los crímenes no sólo se realiza una injuria contra algunos hombres particulares, sino también contra la república, el mismo crimen se denomina público cuando la acusación se hace en nombre de la república y privado cuando es en nombre de un particular".[34] Lo que hace que un crimen sea de lesa majestad, antes que la naturaleza del acto, es el proceso acusatorio. Soberano es quien decide qué crímenes son de lesa majestad.

Esta escena de definiciones a la vez rigurosas e inestables repercute en el modo ambiguo en que Hobbes trató el derecho a castigar. Por una parte, Hobbes consideraba que los hombres nunca ceden el derecho a luchar por su vida, pudiendo resistir incluso el justo castigo que se sigue de un crimen según la ley civil, y, por otra parte, contaba entre los derechos del soberano el derecho a castigar.[35] Adicionalmente, sobre el modo en que el

---

33 *Ibídem*. En el texto central del derecho romano sobre los crímenes de lesa majestad, Ulpiano consignó: "El delito que se dice de majestad es próximo al sacrilegio. Mas es delito de majestad el que se comete contra el pueblo romano, o contra su seguridad; del cual es responsable aquel por cuya obra y dolo malo se hubiera formado designio para que sin orden del Príncipe se vayan los rehenes, para que haya en Roma hombres armados con dardos o piedras, y se reúnan contra la República, o se ocupen lugares, o templos, o se verifiquen juntas o reuniones, o se convoquen hombres para una sedición; o aquel por cuya obra, consejo o dolo malo se hubiere formado designio para que sea muerto un magistrado del pueblo romano, o el que tiene imperio o potestad, o para que alguno lleve armas contra la República; o el que hubiera enviado mensajero, o carta, a los enemigos del pueblo romano, o hubiere dado una señal, o hubiere obrado con dolo malo para que los enemigos del pueblo romano sean favorecidos en su designio contra la República; o el que hubiere solicitado o concitado a los militares para que se haga sedición o tumulto contra la República; o el que no se fue de la provincia cuando se le hubiese dado sucesor, o el que desertó del ejército, o como particular se pasó a los enemigos, o leyó una falsedad en escrituras públicas" (*Cuerpo del derecho civil romano. A doble texto, traducido al castellano del latino. Publicado por los hermanos Kriegel, Hermann y Osenbrüggen con las variantes de las principales ediciones antiguas y modernas y con notas de referencia por D. Ildefonso L. García Del Corral*, Tomo III, Barcelona: 1897, *Digesto*, Libro XLVIII, Título 4, 1-2, p. 731). En el *Digesto* también consta el fragmento de Marciano según el cual: "Manda la ley de las Doce Tablas que sea condenado a muerte el que hubiere concitado al enemigo, o el que hubiere entregado un ciudadano al enemigo" (*Ibídem*, Título 4, 3, p. 731).

34 HOBBES (1929) XXVII: 238.

35 *Ibídem*, XIV: 107-108 y XVIII: 133-138, respectivamente.

soberano adquiere ese derecho al castigo que nunca es otorgado por los hombres que se someten al pacto, Hobbes escribió:

> Antes de instituirse la república todo hombre tenía derecho a todo, y a hacer cuanto considerase necesario para su propia preservación: someter, herir o matar a cualquier hombre para conseguir tal fin. Y este es el fundamento del derecho a penar, que se ejercita en toda república. Porque los súbditos no concedieron ese derecho al soberano; sino que, al renunciar a los suyos, le fortalecieron para que usase el propio como considerara conveniente, para la preservación de todos ellos. Con lo cual no se le concedió, sino que se le abandonó a él ese derecho, y sólo a él. Y [...] tan íntegro como en la situación de mera naturaleza y de guerra de cada uno contra su vecino.[36]

Estas tensiones entre el derecho de los hombres a resistir el castigo y un derecho soberano a castigar que no forma parte del pacto al que los hombres suscriben (pues el derecho a preservar la propia vida es inalienable) ha generado importantes discusiones entre los comentaristas de Hobbes.[37] De las diversas interpretaciones se sigue que o bien el soberano castiga de acuerdo a la ley civil, en cuyo caso le corresponde el nombre de *pena*, o bien procede de acuerdo al derecho natural que se reserva de manera exclusiva, en cuyo caso la respuesta al crimen debe llamarse *hostilidad*, como se dice de los actos de guerra. Sin embargo cabe pensar que la tentativa de dar solución a lo que se ofrece confuso implique perder más de lo que se ganaría ante un sistema sin ruidos. La delgadísima línea entre el castigo penal y el acto de guerra es un elemento central de la filosofía política de Hobbes y, como problema político, tal vez deba resolverse en otras instancias, tanto jurídicas como teóricas, sin que ello tenga que ocu-

---

36   *Ibídem*, XXVIII: 239.

37   "For there are reasons to doubt that the would-be Hobbesian sovereign can acquire a right to punish if the would-be Hobbesian subject has a right to resist punishment", se lee en SCHROCK (1991): 854. La cuestión también fue formulada como una antinomia: "if the right to resist is inalienable, then subjects have never conceded de right to punish them to the sovereign, and that right cannot be conceived as an essential attribute of sovereignty emanating from the convention which institutes the state; inversely, if the right to punish is an inalienable attribute of sovereignty, founded on the social convention, then the right to resist cannot be considered an inalienable right of man", según ZARKA (2001): 76. Una indagación exhaustiva de las diversas lecturas sobre el tema, así como un intento de resolución, puede encontrarse en la tesis doctoral de YATES (2012).

rrir en la propia obra de este autor.[38] Esto no implica que Hobbes haya pasado por alto la diferencia entre pena y hostilidad, a la que enunció claramente: las penas son para los súbditos y requieren condena pública previa, mientras la hostilidad es una respuesta no jurídica a un enemigo declarado. Lo que trastorna esa diferencia es lo singular de los crímenes de lesa majestad:

> Si un súbdito niega la autoridad del representante de la república, de hecho o de palabra, a conciencia y deliberadamente (sea cual fuere la pena previamente ordenada para la traición), debe legítimamente hacérsele sufrir lo que el representante quiera. Pues negando el sometimiento niega el castigo ordenado por la ley; y por lo tanto, sufre como un enemigo de la república, esto es, según la voluntad de su representante. Porque los castigos enunciados en la ley se refieren a los súbditos, no a los enemigos, como son quienes –tras haber sido súbditos por su propio acto– se rebelan deliberadamente y niegan el poder soberano.[39]

Del pasaje se desprende claramente que hay actos que, a pesar de estar penados por la ley civil, pueden considerarse como rebeliones contra la república y padecer la hostilidad del soberano. Esta facultad del soberano para ponerse en situación de guerra con un súbdito –ahora enemigo– es una y la misma con aquella que le permite colocarse más allá de la ley.

Así como traduce los pecados a crímenes, de acuerdo a su potestad legislativa, el soberano puede traducir los crímenes a actos de guerra, de acuerdo a su potestad absoluta. Así como todos los crímenes son pecados sin que todos los pecados sean crímenes, todos los crímenes pueden ser actos de guerra. Sin duda un soberano que pretendiera haber criminalizado todos los pecados o hacer la guerra a todos los crímenes caería en el borramiento de la distinción entre leyes naturales y leyes civiles y perdería el sentido de la existencia de la república, pero esa capacidad de traducción, mientras no pierda la especificidad de las partes, es la esencia de la soberanía.

— ■ —

---

38   Este problema, por ejemplo, es fundamental en SCHMITT (2009): 41-42 y 132-133.
39   HOBBES, (1929), XXVIII: 241.

La autodestrucción por el pecado y la destrucción infligida por la guerra se encuentran en el crimen con el gesto que las detiene. La práctica política del Leviatán está enteramente dirigida a ese bloqueo. Los actos criminales contestan a la ley, pero la figura jurídica del crimen contesta a la amenaza de la destrucción. De sólo haber crímenes, la república viviría en paz aun persiguiendo y penando a los infractores. Sin embargo el crimen, no en tanto ejercicio del delincuente, sino como categoría del poder, vive intentando decir lo que se le escapa y por eso no puede ser otra cosa que un concepto inflacionario. El Estado acepta violar sus propias leyes y confundirse con el criminal porque ese es el único modo en que puede llegar a la captura de los pecadores y los enemigos, y porque no hay otra manera de preservarse que crecer (nunca hay menos Estado). La recusación de esa facultad excepcional del poder político sonaría a oídos del Leviatán como un pedido de suicidio. Si hay voces que, como la de Agamben, consideran necesaria semejante recusación es porque la soberanía estatal, apoyada en múltiples tecnologías, habría llegado a colonizar por completo los dominios del pecado –toda la intimidad se habría desintegrado en la arena pública– y de la guerra –todo lucha armada por la soberanía habría sido codificada por el derecho internacional–, de modo que los ordenamientos que imperan a nivel planetario desconocen la amenaza de la destrucción. El diseño mediático de amenazas en puntos que suelen estar muy distantes de las formas de vida efectivas de las poblaciones, menos que un recurso distractivo que oculta amenazas reales, es una manifestación de la confianza en la efectividad de unos poderes que ahora sólo pueden avanzar creando sus propios peligros. Por otra parte, la declinación mesiánica a formular una nueva ley, hecha a favor del ejercicio de la completa detención de todos los códigos vigentes, es un reconocimiento de la incapacidad actual de apelar a la destrucción y la violencia como recursos políticos, sea bajo una forma anárquica, sea para la implementación de un nuevo orden. La contestación al imperio de la soberanía compra el diagnóstico con que ésta se legitima, pero añade que la mayor amenaza destructiva es por consiguiente la de un ejercicio soberano tan triunfal como desesperado. Es en semejante contexto que decir que algo es un crimen suena a poco, ya que la categoría parece haber dejado de recubrir peligros reales.

Aun si este diagnóstico es aceptado, permanecen dos preguntas. Primero, si la normalización del crimen responde al imperio de la forma Estado. Luego, si un crimen disociado de la destrucción pierde efectivamente su peligro.

Esto requiere pensar, siguiendo de la mano del problema del crimen, en la emergencia de un concepto de sociedad más allá de la tutela del Estado.

LA RESISTENCIA DEL PUEBLO Y LA MULTITUD

3.1. En 1932, Carl Schmitt indicó que ya no era posible identificar lo político con lo estatal en tanto el Estado ya no se encontraba "por encima de la 'sociedad'".[1] Faltaba poco para que esa preocupación fuese respondida por el totalitarismo nazi, pero de momento la referencia del jurista a esa estatalidad superior eran las obras de Bodin y Hobbes. En efecto, si bien Hobbes reconocía que los hombres en el estado de naturaleza podían tener relaciones considerables como sociales (el uso del lenguaje, el comercio, incluso pactos), allí podía haber asociaciones pero de ningún modo sociedad. La sociedad, bajo esa mirada, sólo existía bajo el amparo de la república, sólo existía como sociedad civil. El Leviatán, por lo tanto, no estaba únicamente destinado a preservar mejor la vida de los hombres, sino también a posibilitar la existencia de un mundo social que para Hobbes era impensable fuera del estado civil. Hobbes reconocía que hay criaturas vivientes, como las abejas y las hormigas, que viven sociablemente entre sí sin estar sometidas por la razón y la palabra a pacto alguno con un poder coercitivo, y que de allí cabía que algún hombre se imaginara algo similar para la humanidad, pero negaba terminantemente esa chance: "el acuerdo de esas criaturas es natural, y el de los hombres sólo proviene del pacto, lo cual implica artificio. En consecuencia, no debe asombrar que (además del pacto) deba existir algo capaz de hacer constante y duradero su acuerdo, y esto es un poder común que los mantenga en el temor y dirija sus acciones al beneficio común".[2] A partir de estos

---

1   SCHMITT (2009): 53. Véase allí también el prólogo que el autor escribió para su texto en 1963, p. 40.
2   HOBBES (1929), XVII: 130-131.

conceptos, cuando en el siglo XIX la sociología discutió contra la filosofía política que la sociedad no era un artificio sino un reino de la naturaleza, lo que se puso en juego fue si la existencia de la sociedad depende o no de la del Estado.

Sobre este punto son centrales dos series de aportes de John Locke en su *Segundo tratado sobre el gobierno civil* (1690), una referida a la relación entre crimen y guerra (desarrollada en este apartado) y otra sobre la diferencia entre sociedad civil y Estado (en el siguiente).

Respecto a la primera, de manera más radical que Hobbes, Locke definió lo político a partir de la facultad de penalizar: "Entiendo pues, por poder político el derecho de dictar leyes bajo pena de muerte y, en consecuencia, todas las penalidades menores".[3] Mientras Hobbes consideraba que en el estado de naturaleza, si bien los hombres tienen derecho a matarse los unos a los otros, nadie tiene derecho a castigar, Locke, en cambio entendía que en el estado de naturaleza previo a la constitución de la sociedad civil, de acuerdo a la ley de naturaleza según la cual todos los hombres son independientes e iguales, nadie tiene derecho a matar y, en consonancia, la facultad de castigar esos crímenes reside originalmente en todos los hombres.[4] La existencia del crimen, en este caso, es anterior a la de la república y sus leyes civiles y está contemplada por la ley natural, por lo cual entre el estado de naturaleza y el estado civil no hay un cambio cualitativo de la magnitud del contemplado por Hobbes (el primero implica el desconocimiento de las leyes, no su inexistencia[5]), sino que el segundo refuerza las leyes del primero para evitar que se vuelva un estado de guerra en el que los hombres, no teniendo ninguna instancia arbitral para dictaminar sobre sus diversas interpretaciones de la ley natural, ingresarían en un espiral de violencia. El estado civil se sella, de acuerdo a Locke, cuando los hombres renuncian a su poder como alguaciles de la ley natural y acuerdan "el establecimiento de un juez sobre la tierra con autoridad para dirimir los daños que puedan sobrevenirle a cual-

---

3   LOCKE (2010), §3: 16.

4   *Ibídem*, §6: 19-20, §7: 21 y §8: 22.

5   *Ibídem*, §124: 144-145. Sobre cómo la ley natural no cesa en la sociedad civil, §135: 159.

quier miembro de la sociedad civil".[6] La sociedad civil es así la organización de los crímenes y los castigos.

Esta presencia frontal del crimen es acompañada por Locke con una respuesta durísima: quien viola la ley se desvía de la recta razón y "se convierte *eo ipso* en degenerado y declara, él mismo, que se ha apartado de los principios de la naturaleza humana y que es una criatura nociva",[7] de lo que se sigue que:

> todo hombre posee, en el estado de naturaleza, el poder de matar a un homicida, para disuadir a otros, por medio de un castigo que sirva como ejemplo a todos, de causar un daño del mismo tipo, que ninguna reparación puede compensar, y también para proteger a los hombres de las acometidas de un criminal, el cual, habiendo renunciado a la razón, la regla y medida común que Dios le ha dado a todos los hombres al haber ejercido violencia injusta y dado muerte a uno de ellos y, por tanto, puede ser muerto como si se tratara de un león o un tigre, o una de esas bestias feroces y salvajes con las que el hombre no puede tener ni sociedad ni seguridad. Y en esto se basa la ley fundamental de la naturaleza: "Quien así derrame la sangre de un hombre, por otro hombre será derramada su sangre" [*Génesis* 9:6].[8]

Locke nunca habló, en el *Segundo tratado*, de crímenes de lesa majestad, pero, de modo mucho más radical que Hobbes, equiparó todos los crímenes a declaraciones de guerra:

> Es lícito para un hombre matar a un ladrón que no lo ha dañado en lo más mínimo ni manifestado designio alguno contra su vida, limitándose a retenerlo en su poder mediante el uso de la fuerza, a fin de quitarle su dinero o alguna otra cosa de su agrado. Ya que cuando alguien se vale de la fuerza, sea cual fuere el pretexto para tenerme en su poder, siendo que no tiene ningún derecho a ello, no tengo razón para suponer que, una vez que me haya privado de mi libertad, no me habrá de quitar, al tenerme en su poder, todas las demás cosas. Y, por tanto, me está permitido tratarlo como alguien que se ha puesto a sí mismo en estado de guerra conmigo, i.e., matarlo, si puedo; pues a tal albur se expone, con justicia, quien desencadena un estado de guerra y es agresor en él.[9]

---

6 *Ibídem*, §89: 107.
7 *Ibídem*, §10: 24.
8 *Ibídem*, §11: 25.
9 *Ibídem*, §18: 33.

Mientras para Hobbes la interpretación del crimen como acto de guerra es una prerrogativa excepcional del soberano, ante la mirada de Locke la guerra se manifiesta inmediatamente en todo gesto contrario a la ley. En el fondo de esa diferencia hay dos concepciones sobre el cambio.

a) El Leviatán de Hobbes está erigido para terminar definitivamente con toda guerra intestina, para ser perpetuamente pacífico, estable y, en la medida posible, inmortal, de modo que es más importante que el soberano tenga la facultad de entrar en guerra con los súbditos rebeldes que el hecho de hacer efectivo uso de esa prerrogativa, acto que para siempre sería demasiado costoso. Si el soberano hobbesiano vive en pie de guerra es sólo como recordatorio de lo que debe evitarse. La guerra es, por lo tanto, el horizonte permanente de la soberanía sólo a condición de que se mantenga inalcanzable. Todo crimen puede ser considerado un acto de guerra, pero mejor que ninguno lo sea. El Leviatán existe frente a la posibilidad de la guerra, pero no es un guerrero. La persecución del crimen, lejos de ser una actividad bélica, es un modo de guardar formas más dramáticas del conflicto. En la paz, el movimiento se parece a la perfecta quietud de quien no desea el cambio.[10]

Locke fue, por el contrario, un pensador del cambio por al menos dos motivos. Por una parte, en su tratado político aparece como tema central un elemento que en el de Hobbes nunca tiene igual relevancia: la expansión territorial y económica. Mientras en *Leviatán* la preocupación por excelencia es cómo preservar mejor la vida, para Locke el fin fundamental de las sociedades políticas es la protección de la propiedad.[11] La vida es un caso de la propiedad, en tanto los hombres son obra de un creador omnipotente e infinitamente sabio al que le pertenecen.[12] El asesinato es un crimen menos por atentar contra la vida de un hombre que por hacerlo contra la propiedad de Dios. Esta preocupación por el cuidado de la propiedad se desarrolla en Locke de la mano de una pregunta por el origen y fundamento de la misma, y, sobre

---

10 HOBBES (1929), XXX: 261.
11 LOCKE (2010), §124: 144.
12 *Ibídem,* §6: 20. Esto no quita que, sin tener propiedad sobre sus vida, cada hombre sí la tenga sobre su persona (§27: 45).

La destrucción de la sociedad

todo, por cómo es posible que ella exista antes de todo pacto, pues la sociedad civil se dedica a asegurarla, pero ella le precede.[13]

Como ocurre con lo que es propiedad de Dios, a los hombres les corresponde aquello que es obra de su trabajo.[14] Esa medida impone un límite a la propiedad: nadie puede ser dueño de recursos que superen su capacidad de utilización.[15] Locke desarrolló sus ejemplos a partir del que consideraba el recurso por excelencia, la tierra, "la cual contiene y da sustento a todo el resto",[16] y la primera consecuencia de su razonamiento es que nadie puede tener más tierra que la que puede cercar y labrar. En ese movimiento se abre una posibilidad que Locke reforzó considerando que Dios, al entregar el mundo en común al conjunto de la humanidad, le ordenó que trabajara y la autorizó a apropiarse de la tierra, por lo que la condición humana "introduce necesariamente posesiones privadas".[17] La propiedad no es sólo un derecho, sino que constituye una obligación, con lo que todo está dado para que la criminalización de la improductividad y el castigo que le corresponde funcionen como argumentos para la conquista.[18] Aquello que, según Locke, daba derecho a un inglés a tomar posesión de tierras en América, era que las extensiones territoriales excedían las capacidades productivas de los habitantes indígenas. Toda la reflexión de Locke sobre la conquista se deja leer a la luz de ese caso.

El uso injusto de la fuerza era para Locke siempre una declaración de guerra que lleva a que el agresor pierda derecho a conservar su vida, por lo que puede ser destruido o esclavizado por quienes han padecido el ataque.[19] En cambio la respuesta a la agresión es guerra justa y por lo tanto sí concede derechos al vencedor.[20] Es completamente lícito declararle la guerra (justa) a quienes desobedecen la ley natural y son culpables de no priva-

---

13 *Ibídem*, §25: 43-44.
14 *Ibídem*, §27: 45 y §28: 46-47.
15 *Ibídem*, §31: 49.
16 *Ibídem*, §32: 50.
17 *Ibídem*, §32: 51 y §35: 53. Locke refería a *Génesis* 1:28.
18 *Ibídem*, §37: 57.
19 *Ibídem*, §181: 216; §24: 41 y §85: 102.
20 *Ibídem*, §179: 213.

tizar la tierra. La equivalencia trazada por Locke entre crimen y guerra permite que esta última no sea un mero choque de fuerza, sino que se ejecute como justa pena. Mientras Hobbes buscaba evitar la guerra, Locke la legalizaba. El par crimen-guerra opera como clave para la expansión de la sociedad civil.

b) El otro motivo por el cual en Locke el par crimen-guerra funciona como operador de cambio concierne a su teoría de la rebelión legítima. Mientras para Hobbes era inconcebible que el soberano, príncipe o asamblea, fuese acusado de cometer un crimen,[21] Locke escribió:

> respecto a todo aquello sobre lo que carece autoridad, no es propiamente un rey y puede ser objeto de resistencia, pues en cuanto cesa la autoridad, el rey deja también de ser tal y vuelve a ser un hombre como cualquier otro, desprovisto de toda autoridad. [...] Cuando un rey se ha destronado a sí mismo y se ha puesto en estado de guerra con su pueblo, qué ha de impedirle a éste inculpar a quien no sigue siendo rey, como haría con cualquier otro hombre que se hubiese puesto en estado de guerra con él.[22]

El crimen preexiste a la ley civil y por lo tanto su definición nunca queda circunscrita a la voluntad del gobierno. Para Hobbes un rey criminal es una aberración lógica, pero en el paisaje de la filosofía política de Locke el monarca sí puede transgredir las leyes, que también se le imponen, y ser, por lo tanto, guerreado con causa justa, de lo cual se desprende una teoría sobre el cambio legítimo de gobierno.

La caída del Estado era para Hobbes equivalente a la disolución de la sociedad civil, del regreso al estado de naturaleza y a la guerra de todos contra todos. Locke, por su parte, sentó condiciones sobre las cuales poder pensar la supervivencia de la sociedad más allá de la caída del gobierno.

3.2. "Quien quiera hablar de la disolución del gobierno con un mínimo de claridad debe distinguir, en primer lugar, entre disolución de la sociedad y disolución del gobierno", escribió Locke

---

21   HOBBES (1929), XVIII: 134.
22   LOCKE (2010), §239: 270.

al inicio del último capítulo de su tratado.[23] Esta distinción está basada en el principio de división de poderes que Hobbes consideraba intolerable y causa de sediciones. Locke, por su parte, era menos temeroso ante la posibilidad de conflictos intestinos y promovía la división de poderes para que el gobierno, sin concentrar un poder absoluto, se disuadiera de ser abusivo y, a la vez, para que en caso de estallar la guerra interna la sociedad no se encontrara desamparada.[24]

De un lado, el poder legislativo es el poder fundamental de todo Estado y su función es, organizado por representantes, velar por la preservación del conjunto de la sociedad civil, motivo por el cual nunca puede colocarse por encima de la comunidad que lo funda.[25] De otro lado está el poder ejecutivo que se ocupa de la aplicación de las leyes,[26] el cual tiene la prerrogativa de, ante necesidad, proceder sin arreglo a leyes establecidas,[27] sin que ello implique, de ninguna manera, que tenga poder sobre el legislativo aun si excepcionalmente, y siempre en pos del bien común, debe transgredirlo (si tiene la facultad de convocarlo a funciones). Dada esta escena, los conflictos posibles residen en que, o bien el ejecutivo se exceda en sus atribuciones sobre el legislativo, en cuyo caso deberá ser disuelto y refundado desde las magistraturas, o bien que el poder legislativo se exceda sobre el pueblo, en cuyo caso sólo queda la alternativa de la rebelión. Mientras la corrupción del ejecutivo implica un trastorno en el gobierno, la

---

23 *Ibídem*, §211: 243.

24 En palabras que pueden leerse apuntadas directamente contra Hobbes (a quien Locke nunca menciona en su tratado): "Pero si quienes afirman que decir que el pueblo se halla eximido de obedecer, cuando se atenta ilegalmente contra sus libertades o propiedades, y que puede oponer resistencia a la violencia ilegítima de quienes eran hasta entonces sus magistrados, cuando éstos invaden sus propiedades contrariamente a la confianza depositada en ellos, sienta las bases de la rebelión, quieren dar a entender que puede causar guerras civiles o luchas intestinas y que, consecuentemente, esta doctrina no ha de ser admitida por ser tan nociva para la paz del mundo, harían entonces igualmente bien en sostener, sobre la base del mismo tipo de consideraciones, que los hombres honestos no han de oponer resistencia a ladrones o piratas, pues ello podría causar disturbios o derramamientos de sangre". *Ibídem*, §228: 258-259.

25 *Ibídem*, §134: 155 y §135: 157.

26 *Ibídem*, §144: 179. No me ocuparé aquí del poder federativo (dedicado al trato con individuos y Estados extranjeros) al que Locke distinguió sólo relativamente del ejecutivo (§145-148).

27 *Ibídem*, §159: 179-181.

corrupción del poder legislativo es "el mayor crimen"[28] e implica la disolución del gobierno. Sin embargo, el poder legislativo sólo gobierna mientras sirve al pueblo, por lo cual al desautorizarse por el mal desempeño de sus funciones, el poder supremo regresa a la sociedad civil.[29]

Locke escribió: "Las cosas de este mundo se hallan expuestas a una fluctuación tan constante que nada permanece largo tiempo en el mismo estado".[30] Esto no significa una regresión al pensamiento platónico que lamentaban Bodin y Hobbes, según el cual el destino se revela como fatalidad, con lo que tampoco significa renunciar al sueño de una constitución política invencible ante la muerte por dolencias internas. La sociedad civil de Locke no vive –como sí según Hobbes– bajo el gobierno, sino que forma parte de él, por lo que la caída del gobierno propiamente dicho, aquél establecido mediante los poderes legislativo y ejecutivo, no significa la ruina de la institución política. La sociedad existe, en efecto, sólo con vistas a la constitución de un gobierno, es decir, puede sobrevivir en la expectativa de constituir uno nuevo, aunque de ninguna manera pueda prescindir de uno ni considerarse anterior al Estado. La sociedad es siempre sociedad civil. La anterioridad de la sociedad civil respecto al Estado sólo puede aceptarse aquí como movimiento lógico, ya que en tanto el pacto al que suscriben los hombres contempla la división de poderes, se hace en dos secuencias: primero una comunidad que se congrega para formar una institución política y luego la institución política propiamente dicha.

Locke consideraba que "difícilmente pueda evitarse que exista un gobierno entre hombres que viven juntos",[31] que "la perversidad y corrupción de los hombres depravados" hace que sean necesarias las leyes civiles y no baste la ley natural.[32] Locke propuso que la soberanía descanse en el pueblo y no en el monarca, pero la soberanía, como ocurre en Hobbes, sólo existe con arreglo a la ley. El pueblo puede estar más allá del poder legislativo en la

---

28   *Ibídem,* §218: 249 y §230: 261-262.
29   *Ibídem,* §149: 174-175.
30   *Ibídem,* §157: 184.
31   *Ibídem,* §105: 124.
32   *Ibídem,* §128: 148.

misma medida en que lo puede el ejecutivo, sólo por un momento. Para esta mirada, la sociedad, al contrario de lo que siglos más tarde sostuvo Durkheim, vive exclusivamente para y por la política. La sociedad que piensa Locke únicamente se disuelve, sin posibilidad de recomponer ningún gobierno, ante la conquista a manos de otra sociedad, es decir, cuando incapaz de tener un gobierno propio cae bajo uno ajeno.[33]

3.3. La sociedad no se sostiene por sí misma. Tal es la consigna que guía a las preocupaciones de la filosofía política de la temprana modernidad. La presencia permanente y proliferante del crimen es la marca de esa endeblez. La soberanía, ley y fuerza, es la ortopedia y el alma que da unidad y movimiento al soluble cuerpo social, ahora convertido en cuerpo político.

Locke, a lo informe social sin Estado, lo llamó *multitud*:

> En efecto, dado que las leyes no han sido dictadas como fines en sí mismas, sino para que, al ser aplicadas, constituyan las ligaduras de la sociedad y mantengan a cada miembro del cuerpo político en función y lugar debidos, cuando la actividad del poder ejecutivo cesa por completo, el gobierno deja de existir y el pueblo deviene una multitud confusa carente de orden o cohesión.[34]

Lo mismo hizo Hobbes:

> Porque la muerte de quien tiene en propiedad el poder soberano deja a la multitud sin soberano en absoluto, es decir, sin ningún representante en quien debiera estar unida y sin ser capaz de realizar cualquier acción en absoluto, por lo tanto incapaz de elección alguna.[35]

La multitud es lo disuelto y carece de capacidad de acción. Ella se une en el Estado bajo una única persona[36] sólo en la medida en que, tal como Hobbes enfatizó en reiteradas ocasiones, cada uno de los hombres en particular que la componen consienten en formar una institución política.[37] La multitud, considerada como

---

33 *Ibídem*, §211: 243.
34 *Ibídem*, §219: 250.
35 HOBBES (1929), XIX, p. 150.
36 *Ibídem*, XVII: 131-132.
37 *Ibídem*, XVI: 126 y XVIII: 133.

movimiento, sólo puede desobrar. El crimen es la determinación política de su tendencia a la disolución.

En el mismo siglo XVII de Hobbes y Locke, Baruch Spinoza se expresó en términos similares: "Los hombres están hechos de tal manera que no pueden vivir sin una ley común. [...] es preciso dirigir a la multitud, es decir, contenerla dentro de ciertos límites".[38] Sin embargo, hay en Spinoza una diferencia esencial:

> Se suele llamar poder público [*Imperium*] al derecho definido por la potencia de la multitud. [...] el derecho del que tiene el poder supremo, es decir, del soberano, no es más que el derecho de naturaleza, definido no por la potencia de cada uno de los ciudadanos tomados por separado, sino de la multitud conducida en alguna forma por un mismo pensamiento.[39]

Se trata de que la multitud tiene capacidad de acción, voluntad y derechos.[40] Mientras para Locke y Hobbes ella es apenas un instante de encuentro entre individualidades, acontecimiento inmediatamente anterior a la constitución del Estado o inmediatamente posterior a su ruina y que, por lo tanto, desaparecerá en la síntesis o la atomización, para Spinoza existe como unidad, aun si se trata de una salvaje. La institución política se monta sobre ella para hacerla mejor, no para garantizarle su existencia.

Este movimiento de Spinoza impacta a su vez sobre el estatuto del crimen. A lo largo de su inconcluso *Tratado político* de 1677, si bien se atribuye al soberano el derecho a juzgar y penar los delitos,[41] la lucha contra el crimen no ocupa en ningún momento el lugar central y fundante que tiene para Hobbes, Locke o Bodin (Spinoza de hecho negaba que los hombres hubiesen cambiado de condición y necesitado de la política tras el pecado original[42]), quedando la atención a los criminales reducida a afirmar que no pueden asumir cargos de gobierno.[43] El celo en la persecución de las infracciones, lejos de manifestar poder, testimonia para Spi-

---

38 SPINOZA (2003), I, §3: 33.
39 *Ibídem*, II, §17: 42 y III, §2: 46.
40 *Ibídem*, VII, §25: 84.
41 *Ibídem*, IV, §2: 54.
42 *Ibídem*, II, §6: 38.
43 *Ibídem*, VI, §21: 67.

noza el vicio de las leyes.[44] Más importante aun, la multitud no puede ser acusada de crimen alguno, sino que a lo sumo la ciudad, que es la multitud conducida por un pensamiento común,[45] peca contra sí misma en el sentido en que lo hace la naturaleza, "cuando actúa o permite actuar de tal manera que los actos ejecutados puedan ser la causa de su propia ruina".[46] Los hombres en particular pueden romper el pacto y volverse criminales, pero la multitud, aun si destruyera un gobierno recto y virtuoso, no puede ser juzgada ni penada.

Esa imposibilidad de criminalización corre también para la figura del pueblo en Locke, al punto que el autor debió anticiparse al posible reproche de que su teoría fuese un "caldo de cultivo para rebeliones frecuentes", explicando que "los pueblos no se deshacen tan fácilmente de su antigua forma de gobierno como algunos están inclinados a sugerir".[47] Sin embargo para Locke, el pueblo, siempre que derroque a un gobierno, lo hará en vistas a constituir uno mejor y, por lo tanto, su acción será guerra justa, de modo que el pueblo, incluso luchando contra el poder legislativo, sigue envestido de un estatuto jurídico frente al cual aquellos que intenten disolver a la sociedad, siempre necesariamente individuos, siguen siendo criminales. En cambio, desde la perspectiva de Spinoza, si bien las acciones de la ciudadanía pueden pensarse en línea con los argumentos de Locke,[48] la multitud –y no una serie de individuos– excede el acto reformador de la disolución del gobierno y es capaz del acto netamente destructivo de disolver la propia sociedad civil sin que se derive crimen alguno.

——— ■ ———

Que la multitud no pueda ser criminal significa mucho más que la traslación de la facultad por excelencia de la excepcionalidad soberana desde las manos firmes del gobierno absoluto soñado por Hobbes a las de un pueblo que asume los principios demo-

---

44 *Ibídem*, VIII, §41: 108.
45 *Ibídem*, III, §7: 49.
46 *Ibídem*, IV, §4: 55.
47 LOCKE (2010), §223-227: 254-258.
48 SPINOZA (2003), VII, §30: 87.

cráticos que le permiten gobernarse a sí mismo. Los actos que siendo contrarios a la ley no son ni pueden ser criminales son aquellos que cumplen dos condiciones: están fuera del alcance de todo juicio legal y no entrañan destrucción para quien los ejecuta. Por ejemplo, los pecados y las guerras pueden volverse crímenes, pero nunca los actos del Leviatán hobbesiano, enteramente dedicado a su preservación y la de la sociedad civil. Locke, por su parte, sí concibe un gobierno criminal que atente contra el bien común, pero la sociedad civil jamás puede serlo porque es incapaz de buscar su propia ruina. En esos casos, de Hobbes a Locke sí hay un traslado de la figura sobre la que reside la soberanía. Spinoza, en cambio, más que modificar la forma de la soberanía, trastornó el problema de la destrucción. El Leviatán y el pueblo son formas políticas activas que no se pueden autodestruir, pero pueden padecer destrucción, y la multitud es, tanto para Hobbes como para Locke, la figura impotente de lo destruido. Spinoza también se preguntó cómo se destruyen los gobiernos y las ciudadanías, pero el *Tratado político* nunca alude a qué puede destruir a la multitud, que aquí ha dejado de ser una imagen de lo destruido para ser tratada como una fuerza activa. No hay más allá de la multitud ninguna figura quebrada de la asociación humana a la que le sobrevendría fatalmente la muerte y la destrucción.

En su *Ética* (1675), Spinoza propuso que no existe ninguna cosa singular sin que se dé otra más potente y más fuerte y, a continuación, que siempre hay una cosa por la que aquélla puede ser destruida.[49] Allí también consta la idea de que las cosas sólo pueden ser destruidas por una causa exterior y nunca por causas propias a su constitución.[50] De esos principios se sigue que no cabe imaginar que la multitud pueda ser destruida por una acción humana. En el plano de la acción política, la multitud es indestructible, con lo cual desborda ese plano. Así como hacia el final de la *Ética* Spinoza sentenció que nadie puede odiar a Dios,[51] tal vez hacia el final de un *Tratado político* concluso se habría leído

---

49   SPINOZA (1983), Parte Cuarta, Axioma: 251.

50   *Ibídem*, Parte Tercera, Proposiciones IV-VI: 176-177.

51   *Ibídem*, Parte Quinta, Proposición XVIII: 345.

que es posible odiar a un monarca, a una legislación, a una ciudad, a otros hombres, pero que nadie puede odiar a la multitud.

3.4. El trabajo de Spinoza con el concepto de multitud fue recuperado a fines del siglo XX e inicios del XXI en el marco de una serie de intentos por pensar nuevas formas políticas más allá tanto de la soberanía estatal como del capitalismo (asumidos como regímenes cuanto menos solidarios). La urgencia de esa tarea, reclamada desde el siglo XIX por obras tan heterogéneas como las de Karl Marx y Friedrich Nietzsche, había cobrado nuevo impulso gracias a la obra de Michel Foucault.

En la década de 1970 Foucault, en páginas destinadas a la celebridad, elaboró una crítica al entendimiento del poder en los términos jurídicos de la teoría de la soberanía y propuso, como alternativa, una reflexión sobre la dimensión a la que llamó *biopolítica*. La biopolítica, explicó, no se opone al poder soberano sino que lo complementa, de modo que mientras la prerrogativa soberana, concentrada en los cuerpos de los individuos, es "*hacer* morir o *dejar* vivir", la del biopoder, focalizada en el desarrollo de las poblaciones, es "hacer *vivir* o *rechazar* hacia la muerte".[52] Que Foucault haya situado la emergencia de este tipo de poder en el siglo XVII tal vez permita sugerir que los dispositivos biopolíticos son contemporáneos de la necesidad de ejercer dominio sobre lo que se encontró por fuera de la esfera de lo criminalizable, es decir, contemporáneos de la preocupación por cómo gobernar a la multitud. En todo caso, lo cierto es que Foucault consideraba que la soberanía, que había perdido importancia al lado de nuevas tecnologías de gobierno, seguía funcionando como señuelo de unas críticas al poder que eran incapaces de ver los nuevos procedimientos con los que efectivamente se modelaban las sociedades modernas.

Trabajos como los de Giorgio Agamben, Peter Sloterdijk, Antonio Negri y Michael Hardt continuaron esa senda introduciendo algunas modificaciones de gran importancia. En primer lugar, contra una posible desvalorización, por parte de Foucault, de la

---

52   FOUCAULT (1976): 107-135 y 175-198.

importancia del dispositivo soberano para las sociedades contemporáneas, Agamben y Negri-Hardt enfatizaron que la soberanía continúa plenamente operativa, lo que refuerza la necesidad de su crítica. En segundo lugar, de la mano con lo anterior, y ampliando los límites de la indagación histórica foucaulteana, Agamben y Sloterdijk indicaron que entre soberanía y biopolítica hay una relación de co-pertenencia esencial, tanto en la actualidad como en la antigüedad. En tercer lugar, en busca de una faz propositiva, por lo general ausente en los trabajos de Foucault, todos estos autores apuntaron que las posibilidades de una política alterna a las establecidas por el binomio soberanía-biopoder dependen del desarrollo de una biopolítica o –en los términos de Sloterdijk– *antropotécnica* capaz de disociarse del dispositivo soberano.[53]

Negri y Hardt complementaron los aportes de Foucault con una relectura de Spinoza (mediada por las obras de Louis Althusser y Gilles Deleuze), estableciendo a la multitud como categoría central para disputar contra el dominio de la soberanía. Contra un Leviatán global en pie de guerra ante todo lo que parece escapar de su imperio unificador, Negri y Hardt propusieron que la multitud es una comunidad en la diferencia que podría servir de fundamento a una nueva forma de democracia.[54] Sin embargo, bajo los términos de Spinoza la propuesta es insostenible, ya que la multitud necesariamente debe ser dirigida, limitada y gobernada.[55] Negri y Hardt distinguieron a la multitud del pueblo como lo heterogéneo respecto a lo homogéneo, pero ni Hobbes ni Locke plantearon que el pueblo sea más uniforme que la multitud, sino que, al contrario, la unidad política hace posible que las diferencias salgan del tumulto de la multitud en que se confunden y pasen a ser organizadas y reconocidas. La multitud en la que Spinoza veía un organizador político era aquella guiada por un pensamiento común, y ese agregado es el que define a la ciudadanía, que por lo demás no se diferencia del concepto de pueblo de Locke. La multitud de la que hablan Negri y Hardt

---

53   AGAMBEN (1998); SLOTERDIJK (2012); HARDT y NEGRI (2002).

54   HARDT y NEGRI (2004).

55   "[…] los que se persuaden de que es posible hacer vivir de acuerdo con la razón a las multitudes o a los hombres ocupados en las cosas públicas, sueñan con la edad de oro de los poetas, es decir, se complacen en fábulas", se lee en SPINOZA (2003), I, §5: 3 y II, §21: 44.

luce como una sociedad civil cuya diferencia específica (impensable para Locke y también para Spinoza) es que puede no cristalizar en un Estado o gobierno único, que puede suspender esa instancia en un modo similar al que Agamben soñó un derecho que se suspenda ante su aplicación. La multitud de Spinoza no necesita vivir en la tensión de ese gesto paralizante porque ella, antes que una forma política especial, es lo que sobrevive en todo régimen de gobierno, lo que no desaparece ni bajo la monarquía ni bajo la aristocracia, ni bajo la democracia, sino que convive con ellas y guarda siempre unas leyes que nunca podrán ser las de una legislación civil, sin por eso serle contrarias. Cabe por lo tanto pensar la multitud spinoziana menos como una sociedad política civil anti-estatal y más en su similitud con la sociedad de la sociología de Durkheim.

Negri y Hardt no han sido los únicos en pasar por alto ese vínculo insoslayable entre la multitud y el tipo de existencias pensada por la ciencia social. Sloterdijk, por ejemplo, al ocuparse de la multitud en Spinoza la emparentó con los tumultuosos fenómenos de masas analizados por Elías Canetti, tradición en la que también contó a Gabriel Tarde, Gustave Le Bon y Sigmund Freud.[56] La posibilidad de pensar la multitud en términos sociológicos está aquí completamente negada, ya que Sloterdijk lamentó que se le llame "sociedades" a lo que él prefirió tratar como *multiplicidades-espacio*,[57] rechazo llevado al punto de entrecomillar el término en cada aparición a lo largo del tercer volumen de *Esferas*, de desear el pronto reemplazo de la sociología por la teoría del actor-red de Bruno Latour[58] y de considerar a la obra de Durkheim como una fatalidad para las ciencias sociales francesas.[59]

Por otra parte, ante Agamben llama la atención su desentendimiento del problema de la multitud. El autor pensó la figura del soberano respecto a las del *homo sacer*, la de la anomia y la de las poblaciones disociadas de su condición política de pueblo y, por lo tanto, reducidas a meras entidades biológicas,[60] pero la

---

56 SLOTERDIJK (2002). Sobre el concepto de masa, CANETTI (2005).
57 SLOTERDIJK (2006): 202.
58 *Ibídem.* 24. Sobre la teoría del actor red, LATOUR (2008).
59 SLOTERDIJK y HEINRICHS (2004): 81-82.
60 Respectivamente en los tomos I, II.1 y III de *Homo sacer*, AGAMBEN (1998, 2004 y 1999).

multitud nunca aparece a pesar de su absoluta centralidad en la filosofía política clásica. La sorpresa ante semejante ausencia crece ante la muy factible posibilidad de que corresponda describir a la multitud, siguiendo los términos de Agamben, como una población sagrada y anómica.

Que la similitud estructural (no equivalencia) entre la multitud spinoziana y la sociedad durkheimiana no haya sido sugerida hasta el momento, se debe al pesado silencio filosófico que cubrió a la obra de Durkheim durante un siglo.[61] Es el mismo motivo por el cual Foucault nunca dio cuenta de que la sociología ya había propuesto un entendimiento de las relaciones de poder desvinculado de una teoría de la soberanía. Es el motivo por el cual Foucault tendió a situar a la sociología, como ciencia de la observación y la organización estadística de datos, entre las servidoras a los poderes disciplinarios y biopolíticos, pasando por alto el énfasis con el que la sociología durkheimiana se diferenció filosóficamente de todo arte de gobierno. Y es también el motivo por el cual Agamben ha concedido enorme importancia a lo político y lo económico como modulaciones del poder, pero ninguna a lo social, hecho agudamente señalado por Fabián Ludueña Romandini, quien mostró que los estudios de Agamben dedicados al cristianismo se han enfocado en las figuras del Padre como soberano político y del Hijo como administrador del gobierno económico,[62] manteniéndose desatendido el Espíritu Santo, al que Ludueña se refirió como "un tipo de poder de naturaleza inasible pero omnipresente y que representa el sustento último de todo cuanto entendemos por *societas*".[63]

Es casi exclusivamente desde esas negaciones de la existencia de la sociedad que los términos *polis* y *societas* parecen enemigos ancestrales que aún no habrían saldado sus batallas.

---

61   De hecho es altamente significativo que autores y trabajos allegados a Negri (los de Eric Alliez, los de Maurizio Lazzarato), satelitales a la revista *Multitudes*, hayan estado a cargo de la recuperación de Tarde analizada en el primer capítulo de la primera parte de esta tesis. Sloterdijk también reivindicó los aportes de Tarde y comparte el anti-durkheimismo de Latour.

62   AGAMBEN (2008).

63   LUDUEÑA ROMANDINI (2011): 168. Véase también, del mismo autor (2012a).

4 ■
LA NATURALIZACIÓN DE
LOS SACRIFICIOS

4.1. La tensión entre el Estado y la sociedad contenida por la filosofía política no debió esperar a la sociología para manifestarse de modos muy contundentes. La obra de Jean-Jacques Rousseau es, en ese sentido, no sólo una referencia central para Durkheim,[1] sino para todas las discusiones desencadenadas a partir de la Revolución francesa.

Rousseau, en su *Contrato social* (1762), además de considerar que la soberanía descansa enteramente en el pueblo –radicalizando las indicaciones de Locke–, planteó que entre el pueblo soberano y el gobierno instituido hay un conflicto permanente e irresoluble, distinto a la eventualidad de un abuso de los poderes ejecutivos o legislativos que podría llevar a la revuelta interna.

Mientras la sociedad civil de Locke o Spinoza existía con arreglo a una unidad, para Rousseau el principio de lo social es la comunicación de la distancia, la separación y la diferencia: "El primero al que, habiendo cercado un terreno, se le ocurrió decir *esto es mío* y encontró gente lo bastante simple como para creerle, fue el verdadero fundador de la sociedad civil".[2] De ese modo señalaba en lo social el atributo de la dispersión que había sido propio de las multitudes, lo cual no implica que se deshaga la diferencia entre multitud y sociedad,[3] pero sí que la multitud no refiere más al instante pre-social en que un pueblo está por conformarse o el instante post-social en que un pueblo se disuelve, siendo ahora una instancia salida absolutamente de la dinámi-

---

1 DURKHEIM (1918).
2 ROUSSEAU (2008): 101.
3 ROUSSEAU (1995), Libro I, Cap. 5: 46.

ca política, aquella en que los hombre están aislados y no se reconocen entre sí.[4] Más que libertad salvaje, la multitud es una condición de sometimiento absoluto, como lo es la de los esclavos reunidos por la fuerza, sin ningún verdadero vínculo entre ellos. Es posible incluso proponer que lo que establece la diferencia es que la multitud no comparte lenguaje, mientras que para Rousseau los orígenes de la sociedad y los del lenguaje son indiscernibles.[5] Mientras la multitud es una agrupación caótica, la sociedad es una dispersión organizada. La multitud carece por lo tanto de toda fuerza operativa, incluso para desobrar, por lo que ya no puede despertar temor alguno. Las fuerzas que se despliegan en la arena política son sólo las de la sociedad y el gobierno. La sociedad puede emerger sin ninguna perspectiva de ampararse bajo un gobierno y, a la vez, la disolución total del gobierno no implica nunca el riesgo de la disolución de la sociedad, pues su movimiento no es la agrupación, sino la extensión.[6] En Rousseau se asiste a la absorción de los contenidos del concepto de multitud del siglo XVII bajo un concepto ampliado de sociedad que no requiere ser de tipo civil, todo lo cual tiene importantes consecuencias para el posterior concepto sociológico de sociedad.

El otro movimiento fundamental de la filosofía política de Rousseau fue la inversión de la jerarquía que ubicaba al Estado por encima de la sociedad. El contrato es aquí enteramente social (*pacte social*) y los individuos no pactan con un gobernante (monarca o legislador), ni siquiera con cada uno de los demás, sino con "todos", con "toda la comunidad",[7] de modo que:

> al instante, en lugar de la persona particular de cada contratante, este acto de asociación produce un cuerpo moral y colectivo, compuesto de tantos miembros como votos hay en la asamblea, el cual recibe en ese mismo acto su unidad, su *yo* común, su vida y su voluntad. Esta persona pública, que se forma así por la unión de todos los otros, antaño tomaba el nombre de *ciudad*, y lleva ahora el de *república* o *cuerpo político*.[8]

---

4   *Ibídem*, Libro II, Cap. 9: 78-79.
5   ROUSSEAU (2008): 98. Al respecto, véase DERRIDA (1998): 291.
6   OTTONELLO (2014)
7   ROUSSEAU (1995), Libro I, Cap. 6: 48.
8   *Ibídem*: 48-49.

La destrucción de la sociedad

Este relato fundacional del *Contrato Social* es distinto al del *Discurso sobre los orígenes y fundamentos de la desigualdad entre los hombres* (1755), pues aquí de lo que se trata es de pensar la posibilidad de un gobierno que obedezca a todos y no sea producto de las diferencias que hacen a la sociedad. La sociedad no es resultado del pacto y le antecede, sino que el pacto que los individuos suscriben con ella la convierte en una sociedad política. Aun si estas distinciones no son rigurosas, lo importante es que la sociedad es política con independencia de cualquier institución estatal o legislativa. Rousseau escribió: "Antes de examinar el acto por el cual un pueblo elige a un rey, sería bueno examinar el acto por el cual un pueblo es un pueblo; pues este acto, necesariamente anterior al otro, es el verdadero fundador de la sociedad".[9] En esta política sin reyes ni magistrados Rousseau, en vez de pensar al Estado como una institución de pie ante la sociedad, lo trataba como un atributo de ésta: al cuerpo político se lo llama *Estado* cuando es pasivo y *soberano* cuando es activo. El Estado o soberano no garantizan la existencia de la sociedad, sino que son dos de sus modos de ser.

A lo que desde una perspectiva hobbesiana corresponde al dominio estatal,[10] Rousseau lo llamó *gobierno*: "en el gobierno es donde se encuentran las fuerzas intermediarias, cuyas relaciones componen la del todo al todo o la del soberano al Estado".[11] En el pacto social de Rousseau no hay pacto político con el gobierno, el cual sólo actúa como delegado del soberano y es incapaz de subsistir por sí mismo (virtud que sí es del Estado).[12] La diferencia no es sólo de fuerza y jerárquica, sino que concierne a la forma misma de sus operaciones: "mientras el [soberano] posee el derecho legislativo y obliga en ciertos casos al cuerpo mismo de la nación, el [gobierno] sólo posee el poder ejecutor y puede obligar sólo a los particulares".[13] De este modo, la sociedad nunca cede al gobierno, sino que los reyes y magistrados y el soberano cogobiernan en dimensiones diferentes que, sin embargo, se sola-

---

9   *Ibídem,* Cap. 5: 46-47.
10 Respecto a ese entendimiento del Estado véase SKINNER (2003).
11 ROUSSEAU (1995), Libro III, Cap. 1: 88-89.
12 *Ibídem.* 91.
13 ROUSSEAU (2003): 34.

pan. Tal diferencia ontológica entre esos dos cuerpos heterogéneos fue leída por Rousseau como un conflicto irresoluble: "Así como la voluntad particular obra sin cesar contra la voluntad general, así el gobierno hace un esfuerzo continuo contra la soberanía".[14]

Esa lucha se da fundamentalmente ante el problema de la extensión de los cuerpos sociales. El dilema que se planteó Rousseau, no fue, como sí en el caso de Hobbes, cómo evitar la muerte del Leviatán: "El cuerpo político, lo mismo que el cuerpo del hombre, comienza a morir desde el nacimiento, y lleva en sí mismo las causas de su destrucción".[15] Su preocupación era cómo demorar ese fin, cómo no apresurar esas causas, cuidado que tomó la forma de evitar el crecimiento excesivo de lo social. Al inicio del *Discurso sobre la desigualdad*, Rousseau escribió: "Si hubiera tenido que elegir mi lugar de nacimiento, habría elegido una sociedad de una extensión limitada por el alcance de las facultades humanas, es decir, por la posibilidad de ser bien gobernada".[16] A su vez, en *Contrato social* consideró que un buen gobierno es aquél en que la población se multiplica, siendo el peor aquél donde el pueblo disminuye y decae.[17] Esta tensión, reforzada por el desprecio que Rousseau manifestó contra toda técnica de control de la natalidad,[18] se remite al principio según el cual no corresponde a las facultades del gobierno ponerle límites al todo, a la sociedad, sino sólo a los individuos. El límite es difuso

---

14 ROUSSEAU (1995), Libro III, Cap. 10: 115.

15 *Ibídem*: 118.

16 ROUSSEAU (2008): 49.

17 ROUSSEAU (1995), Libro III, Cap. 9: 114.

18 En el *Discurso sobre los orígenes...*, aludiendo a la ley de Esparta con los hijos de los ciudadanos, "que vuelve fuertes y robustos a aquellos que están bien constituidos y hace perecer a los otros", Rousseau señaló: "difiere en esto de lo que ocurre en nuestras sociedades, en las que el Estado vuelve onerosos los hijos para los padres y de este modo los mata indistintamente antes de que nazcan." Primera Parte, p 74. En el mismo texto: "[...] el deber de una fidelidad eterna sólo sirve para incrementar el adulterio y las propias leyes de la continencia y el honor expanden, necesariamente, la disipación y multiplican los abortos." *Ibídem*, Segunda parte: 97. Allí también se pregunta: "¿Cuántos medios vergonzosos para impedir el nacimiento de los hombres y de engañar a la naturaleza?" *Ibídem*, Nota IX: 142. En el *Émile* también leemos: "Desde el momento en que el estado de madre es oneroso, pronto se encuentra el medio de librarse completamente de él: se quiere hacer una obra útil a fin de recomenzarla siempre, y se convierte en perjuicio de la especie el perjuicio dado para multiplicarla". ROUSSEAU (2005), Libro I: 50-51.

La destrucción de la sociedad

e inevitablemente conflictivo, lo que no impide que la posición de Rousseau haya sido clara:

> Las dificultades radican en la manera de ordenar dentro del todo [la sociedad o cuerpo político] a este todo subalterno [el gobierno], de modo que no altere la constitución general al afirmar la suya; que distinga siempre su fuerza particular, destinada a su propia conservación, de la fuerza pública, destinada a la conservación del Estado, y que, en definitiva, siempre esté presto a sacrificar el gobierno al pueblo, y no el pueblo al gobierno.[19]

A partir de esta remarcada diferencia entre sociedad y gobierno se explica que Durkheim, quien en *Las reglas del método sociológico* había criticado a Rousseau por hacer depender –como Hobbes– la existencia de la sociedad de un artificio gubernamental,[20] pocos años después –en un curso dictado en la Universidad de Burdeos en 1898 y publicado póstumamente en 1918– haya destacado que finalmente Rousseau se mostraba ambiguo: la sociedad pensada en el *Contrato social* era, por un lado, un artificio fundado no por la naturaleza sino sobre convenciones,[21] pero en simultaneo desbordaba el ámbito de lo particular propio al gobierno, siendo así a la vez menos que los individuos que la formaban y más que los individuos que la gobernaban.[22]

En esa ambigüedad estaba anunciado, según la visión del sociólogo, el camino que condujo a que en el siglo XIX Saint-Simon y Auguste Comte hayan propuesto pensar la sociedad como un reino de la naturaleza y no como una maquinación concebida por los hombres.

4.2. En el siglo XVIII Rousseau no temía dramas desencadenados por el crimen, sino por el crecimiento inmoderado del gobierno y la sociedad. El *Contrato social* es un tratado sobre cómo limitar el gobierno, pero Rousseau no planteó cómo podría detenerse el crecimiento de la sociedad ni estimaba posible hacerlo (un control

---

19 ROUSSEAU (1995), Libro III, Cap. 1: 92.
20 DURKHEIM (1918): 148-149.
21 ROUSSEAU (1995), Libro I, Cap. 1: 38.
22 DURKHEIM (1918): 16 y 140.

poblacional como el pensado por Robert Malthus podría haberle resultado criminal o inútil). Si podía evitarse que la descomposición del orden llegara por una serie de actos de violencia criminal o bélica, en cambio era inevitable que tras llegar a un máximo de crecimiento, las sociedades encontraran su declive y muerte.

Con el fin del siglo XVII habían quedado atrás las grandes guerras que desestabilizaron a Europa desde el cisma cristiano del siglo XVI, aquellas que atormentaron como pesadillas tanto a Lutero y Tomás Moro como a Hobbes y Locke. Los pensadores políticos del XVIII fueron testigos de cómo su mundo había sobrevivido a lo que parecía el final, pero a pesar de ello y del despuntar de cierta confianza caracterizada por el ideario iluminista, no dejaron de inquietarse por el derrumbe del orden existente. La historia enseñaba con claridad que incluso el Imperio romano, que pareció eterno, había dejado de existir. Es el tema de dos libros que se volvieron célebres, *Consideraciones sobre las causas de la grandeza de los romanos y de su posterior decadencia* (1721), del Barón de Montesquieu, y *El declive y la caída del Imperio romano* (1766-1788), de Edward Gibbon.

La historia de la ruina romana era en ambos autores igual a la de su crecimiento y ambición. El Imperio se ofreció a la muerte no tras haberse agigantado, sino desde que se propuso extenderse tanto como fuera posible. Refiriéndose a los años comprendidos entre los gobiernos de Augusto y Trajano (27 a.C.-117 d.C.), Gibbon escribió que para los hombres de aquél tiempo era imposible descubrir en la felicidad pública las causas latentes del declive y la corrupción venideros, que fue justamente durante esa larga paz y sucesión de gobiernos estables que se introdujo "un lento y secreto veneno en los órganos vitales del imperio".[23] Según Montesquieu, "mientras Roma conquistaba el universo, había al interior de sus murallas una guerra secreta: era como el fuego de un volcán que explota tan pronto como algún material aumenta su fermentación".[24] Ese acelerador del caos era la propia extensión. Montesquieu no consideraba que los conflictos internos por sí solos hubieran perdido a Roma y discutía tal opinión: "no se ve que esas divisiones eran necesarias, que siempre las había ha-

---

23 GIBBON (2003): 36.
24 MONTESQUIEU (1900): 73.

La destrucción de la sociedad

bido y que siempre las debía haber. Fue únicamente la grandeza de la República la que hizo el mal y la que cambió los tumultos populares en guerras civiles".[25]

Mientras Roma fue pequeña, según Montesquieu, las dificultades no fueron dramáticas.[26] El conflicto entre lo diverso es así admitido sin que se lo tema fatal; cierta contingencia, cierta violencia, son esperables. Lo que Montesquieu no aceptaba era que la ruina se explicara por esos azotes: "no es la fortuna la que domina el mundo [...] Hay causas generales, sean morales, sean físicas, que actúan en cada monarquía, la elevan, la mantienen o la precipitan; todos los accidentes están sometidos a esas causas".[27]

En dichas palabras se formula con toda exactitud un antecedente vital de la ciencia social durkheimiana. Sin embargo, ese acuerdo se rompe en la medida en que en Durkheim no opera la certidumbre en el fin que sí hay en Montesquieu, para quien un poder gigante debía necesariamente desgarrarse en alguna parte,[28] encontrándose siempre limitado de algún modo.[29] Montesquieu es, en efecto, un pensador de la necesaria limitación de los poderes debido al resquebrajamiento de lo que crece, mientras Durkheim ya desde *La división del trabajo social* (1893) se ocupó de postular que la creciente extensión y complejidad de las sociedades, lejos de ser un veneno desgarrador, era un hecho social de primer orden. Del hecho natural del crecimiento ya no se derivaba el hecho natural de la muerte.

Es esencial a la sociología el no haberse constituido en una reflexión sobre el inminente fin de la sociedad en que surgió.

4.3. Durkheim, al tomar la senda del estudio de lo social como fisiología o física, planteó seguir un modelo científico, lo que no quita que tenía conocimiento de que las posiciones de Saint-Simon sobre el carácter natural de la sociedad eran cercanas a la

---

25 *Ibídem.* 86.
26 *Ibídem.* 82.
27 *Ibídem.* 172-173.
28 *Ibídem.* 161.
29 *Ibídem.* 221.

de "la escuela retrógrada de Maistre, de Bonald".[30] Para esos dos enemigos de la Revolución francesa, pensar la sociedad como un ser natural obedecía fundamentalmente a una propuesta política y a un modo de entender las relaciones entre lo social y el Estado. Sin que implique dar crédito a la hipótesis según la cual las ideas fuerza de la sociología germinaron en programas políticos conservadores,[31] atender a las elaboraciones de Bonald y Maistre permite precisar la especificidad de la propuesta teórica de la sociología respecto al problema de la destrucción de la sociedad.

——■——

Si Hobbes, en el siglo XVII, había considerado que el entendimiento de la sociedad civil como pacto era funcional a una teoría de la legitimación del Leviatán, Louis de Bonald y Joseph de Maistre, tras la Revolución francesa, vieron en ese dispositivo el mayor de los peligros, ya que por él el soberano, aun siendo absoluto, debía su poder al pueblo. A pesar de que toda la obra política de Hobbes estuvo destinada a alertar contra los efectos ruinosos de cualquier organización no absolutista de la soberanía, la filosofía política que va desde él a Spinoza, Locke y Rousseau es la historia del resquebrajamiento de ese principio.[32] El correctivo de Bonald y Maistre contra la creciente autonomización de la sociedad fue reintroducir a Dios. ¿La soberanía viene de Dios o de los hombres?, fue la pregunta que ambos formularon explícitamente.[33]

Hobbes, en la segunda parte de *Leviatán*, dedujo los derechos del poder soberano y los deberes de los súbditos únicamente de los principios de la naturaleza humana certificados por la experiencia o el consentimiento,[34] es decir, fundamentó el orden político sin hacer intervenir, en ningún momento, a Dios. La tercera parte del libro sí estuvo dedicada a pensar los fundamentos de

---

30   DURKHEIM (2002b): 101 y 172.
31   Cf. NISBET (1996): 25-31. Un tratamiento más cauto y muy valioso sobre el vínculo entre Durkheim y el pensamiento contrarevolucionario (fundamentalmente el de Bonald), se encuentra en KARSENTI (2013): 57-90.
32   KOSELLECK (2007).
33   MAISTRE (1891): 312; BONALD (1800): 90.
34   HOBBES (1929), XXXII: 286.

una república cristiana, pero la posibilidad estaba abierta. El soberano podía prescindir de todo vínculo con la Iglesia, o delegar en el papa el gobierno de los súbditos en materia religiosa, o desvincularse del papado, o comandar simultáneamente la república y la Iglesia; todas esas opciones eran sus prerrogativas gracias a la facultad de mantenerse por encima de las leyes por él mismo aceptadas o instituidas. Es decir que, incluso si se trataba de un soberano cristiano, su poder no provenía de Dios (quien había hecho pacto con el pueblo judío, pero ahora había dejado de hablar con los hombres), pues la palabra de Cristo se limitaba a proclamar un futuro reino de los cielos y a persuadir a los hombres de someterse a él, no concediendo poder coercitivo a nadie.[35] Sin negar a Dios, la negación del carácter divino de los gobiernos civiles también fue compartida por Locke, Spinoza y Rousseau.

Tanto para Bonald como para Maistre, retirar a Dios del orden político y negarle su condición de legislador (bajo la prueba de la actual ausencia de milagros[36]) era el movimiento esencial de la postulación de la soberanía del pueblo.[37] La sociedad pensada por el contractualismo debía darse gobernantes porque era ingobernada por naturaleza y los hombres debían ser los creadores de un orden que no se les había provisto o que habían perdido tras el pecado original. Maistre, contra esa idea, escribió:

> Uno de los grandes errores del siglo [XVIII] fue creer que la constitución política de los pueblos es una obra puramente humana; que se puede hacer una constitución como un relojero hace un reloj. Nada es más falso; y lo que es más falso aun es que esa gran obra pueda ser ejecutada por una asamblea de hombres.[38]

¿Qué implica que la sociedad no sea obra humana ni colectiva? En primer lugar, que lo humano nunca antecede a lo social y que la sociedad no es distinta a la naturaleza.[39] Maistre deploraba que Rousseau (blanco fundamental de todas sus críticas) había

---

35 *Ibídem*, XLII: 384-387.
36 *Ibídem*, XXXII: 290-291. Sobre los milagros según Spinoza, Pascal y Rousseau véase OTTONELLO (2015). Maistre reafirmó explícitamente la copertenencia entre soberanía y milagro, en (1891): 331. También Bonald en (1800): 65-68.
37 BONALD (1843a): 48-49.
38 MAISTRE (1891): 344. El mismo error era lamentado en BONALD (1843a): 1.
39 MAISTRE (1891): 317. También BONALD (1843a): 3.

confundido lo natural con lo aislado, con lo desprovisto de relación y con lo abstracto.[40] La naturaleza de una cosa no es sólo su condición primigenia, sino todo aquello que efectúa, motivo por el cual Maistre encontraba absurdo que Rousseau haya dicho que el hombre había recibido en potencia unas facultades que para pasar o no al acto dependían del concurso de efectos fortuitos; "dudo que jamás haya escuchado una tontería tan grande".[41] Para Maistre la naturaleza no es ni un caos desordenado ni un orden inercial y mecánico que no admite modificaciones, en cuyo caso cabría considerarla "una obra y no un obrero",[42] sino que ella es, antes que un estado, una "fuerza plástica".[43] Esto implica que no hay motivo para considerar que lo social sea como un compuesto artificial de movimiento basado en los principios naturales, como si se tratara de dos dimensiones diferentes. Citando a Edmund Burke, Maistre afirmó que "el arte es la naturaleza del hombre",[44] añadiendo "no hay estado de naturaleza en el sentido de Rousseau, porque no hay momento en el que no exista el arte humano".[45]

La naturaleza plástica pensada por Maistre no se limita, por lo tanto, a un conjunto de leyes fijas que despliegan una cadena incesante de efectos, sino que es una legislación en movimiento regida por la voluntad de Dios, quien la utiliza como "fuerza inmaterial segunda"[46] y quien, así como es su creador y soberano, lo es también de la sociedad.[47] En los términos de Bonald, mientras los ateos piensan en una acción universal sin voluntad que la determine e imaginan un movimiento indefinido sin impulso que lo comience, los teístas consideran que toda acción "está determinada por una voluntad como causa cuyos efectos son locales, sucesivos y dispuestos de acuerdo a ciertas leyes con arreglo

---

40   MAISTRE (1891): 315 y 318; MAISTRE (2003): 53.
41   MAISTRE (1898): 551. El pasaje referido se encuentra en ROUSSEAU (2008): 99.
42   MAISTRE (1898): 527.
43   *Ibídem.* 523 y 525 sobre la incorrecta oposición entre lo natural y lo artificial.
44   MAISTRE (1891): 321.
45   MAISTRE (1898): 534.
46   *Ibídem.* 522-524.
47   MAISTRE (1891): 317.

a su conservación y multiplicación".[48] La sociedad responde a ese criterio y es también una acción.[49]

Tanto Maistre como Bonald, para justificar que los hombres, si bien hacen parte de la sociedad, son incapaces de haberle dado nacimiento, apuntaron que el lenguaje no puede ser posterior al consenso. Según Maistre: "las lenguas no fueron inventadas ni por un solo hombre, pues hubiera sido incapaz de hacerse obedecer, ni por varios hombres, pues hubieran sido incapaces de acordar".[50] Según Bonald: "el hombre tiene necesidad de signos o palabras tanto para pensar como para hablar, es decir que el hombre piensa su palabra antes de hacer hablar su pensamiento [...], de lo cual resulta que el hombre no ha podido inventar los signos, pues no puede inventar sin pensar, ni pensar sin signos".[51] Ante la duda de Rousseau, que no sabía si había sido primero el lenguaje o la sociedad, Bonald y Maistre decidieron a favor del lenguaje, lo que les habilitaba a pensar en su origen divino, anterior a los hombres.[52] De aquí se sigue un principio general: toda organización y creación es producto de la decisión de una voluntad, la cual, a semejanza de la divina, sólo puede ser particular: "siempre es un solo hombre a la vez quien enuncia una voluntad y comanda una acción en la sociedad".[53] Incluso en una asamblea, siempre es uno solo quien habla, por lo cual esa forma pretendidamente colectiva no sería más que una "lotería de poder" que favorece anárquicamente a sus miembros.[54] En un sentido similar, Maistre consideraba que una asamblea intentando llegar a un acuerdo sobre la constitución de una sociedad sería semejante al espectáculo de la Torre de Babel[55]: "la constitución civil de los pueblos nunca resulta de una deliberación".[56] Toda asamblea, explicaba Bonald, para ser capaz de decidir, necesita

---

48 BONALD (1800): 40-42.
49 *Ibídem.* 48.
50 MAISTRE (1898): 554.
51 BONALD (1800): 46-47.
52 BONALD (1843b): 58.
53 BONALD (1891): 71. Véase también MAISTRE (1891): 236.
54 BONALD (1800): 75-76.
55 MAISTRE (1891): 368.
56 *Ibídem.* 346.

que sus miembros sean impares, es decir, replicar la figura de la particularidad propia del soberano.[57]

Considerando a la sociedad como una fuerza de la naturaleza, Bonald y Maistre llegaron a la misma conclusión que Hobbes, quien la entendía como un artificio: la necesidad de la monarquía o, más precisamente, de un poder absoluto centralizado en una voluntad particular.[58] A pesar de este encuentro, de Hobbes a Bonald y Maistre hay un cambio de gran escala. La destrucción no tiene el mismo estatuto para una sociedad amparada en un dios mortal que para una directamente gobernada por Dios.

4.4. En su *Teoría del poder político y religioso en la sociedad civil* (1796), Bonald dio una definición de sociedad luego repetida en numerosas oportunidades a lo largo de la extensa obra: "La sociedad es una reunión de seres semejantes, por leyes o vínculos necesarios, reunidos a fines de su producción y conservación mutua".[59] Ahora bien, dado que toda sociedad está garantizada por la voluntad de un poder,[60] Bonald se preguntó explícitamente por las consecuencias de que ese garante sea Dios:

> Si la voluntad general conservadora de la sociedad civil es Dios, se dirá, ¿hay sociedades que se destruyan o que no logren la realización de su fin? La sociedad logra *necesariamente* su *fin*, y la sociedad no se destruye, porque si el hombre parece retardar, por el desarreglo de sus voluntades particulares, el progreso de la sociedad y la realización de la voluntad que ella ha de llevar a su fin, esa voluntad no tiene un efecto menos infalible, *necesario*, en un tiempo o en otro, sino que triunfa siempre sobre los obstáculos que le opone la voluntad depravada del hombre. Y como su fin es la conservación de los seres, y que ella no puede asegurar su conservación sin constituirse, se sigue que, a pesar de los efectos del hombre, ella tiende *necesariamente*, invenciblemente, a constituirse.[61]

---

57 BONALD (1800): 76.
58 *Ibídem.* 47. También MAISTRE (1891): 323.
59 BONALD (1843a): 28.
60 BONALD (1800): 1.
61 BONALD (1843b): 126-127.

La afirmación de que la sociedad es indestructible, enunciada ante la Revolución francesa y la reciente decapitación de un monarca soberano, implicaba un nuevo estatuto para el conflicto. La guerra, en vez de ser lo que amenaza a la sociedad, se vuelve constituyente de la misma, de modo que una y otra nacen juntas.[62] Los pensadores contrarrevolucionarios no se limitaron a considerar que el orden nace ante y en el conflicto, sino que se arriesgaron a pensar en un orden inconmovible incluso ante aquello que la filosofía política de los siglos XVII y XVIII había temido como el peor de los males. Maistre, en *Consideraciones sobre la situación en Francia* (1796), aceptó que no estaba errado el rey africano que había dicho que Dios hizo al mundo para la guerra: "La historia prueba, desgraciadamente, que la guerra es en cierto sentido el estado habitual del género humano; es decir, que la sangre humana debe correr sin interrupción por el globo, aquí o allá, y que para cada nación la paz no es más que un respiro".[63]

La situación es aun más compleja a la luz de que la guerra no tiene lugar sólo entre los justos que "quieren conservar la sociedad defendiendo su poder general conservador" y los "malvados que quieren destruirla haciendo prevalecer su poder particular",[64] sino que Dios mismo guerrea:

Dios y el hombre forman una sociedad de seres semejantes reunidos por su destrucción mutua. Destrucción de Dios por el hombre inteligente, por las ideas falsas que se hace de la Divinidad, y por los honores divinos que rinde al hombre; destrucción de Dios incluso por el hombre físico, por las representaciones impuras o espantosas por las cuales lo pinta según su parecer; destrucción del hombre inteligente, que, perdiendo el conocimiento de Dios, pierde la idea de la perfección, y por consecuencia cesa de conservarse a sí mismo en la perfección conforme a su naturaleza [...]; destrucción del hombre físico, por el desencadenamiento de su fuerza, por la opresión de su debilidad, por la barbarie del culto, por la atrocidad de las guerras, por la ferocidad de los espectáculos, por la prostitución, por los divorcios, por la exposición pública, por las miserias de la esclavitud, etc.; destrucción

---

62 BONALD (1843a): 80.

63 MAISTRE (2003): 23.

64 BONALD (1843b): 75-76.

de todo hombre, después de todo, por los castigos necesarios reservados al mayor de los crímenes, el odio al ser infinitamente amable.[65]

Dios, además de conservar a la sociedad y a los hombres, destruye incansablemente a todos quienes se le oponen. El odio al ser infinito es un "crimen infinito" del que se siguen una culpabilidad y una pena igualmente infinitas.[66]

Maistre consideraba que todos los crímenes, aun con demora, recibían castigo, por lo que cabía esperar que quienes habían cometido el mayor de los crímenes, los revolucionarios que habían atentado contra la soberanía, recibirían la más terrible de las penas. Se trataba de "una ley que no conocía excepción".[67] Agregaba: "Ha habido naciones literalmente condenadas a muerte como individuos, y sabemos por qué".[68]

Los problemas que acarrea la destrucción masiva de culpables, difícil de contener cuando se trata de crímenes infinitos, eran manifiestos para Bonald, quien se preguntó: "¿Puede Dios ser a la vez destructor y conservador de los hombres?" A pesar de la dificultad, su respuesta fue categórica: "Sí: puede destruir a un hombre en lugar de todos los hombres; puede conservar a todos los hombres en consideración de un hombre destruido; y la justicia humana nos da la idea y el ejemplo de una compensación semejante".[69] Se refería, por supuesto, al sacrificio de Jesús Cristo.

Sin entrar en el caso muy específico (también muy complejo) del mesías cristiano, lo que aquí es necesario destacar es la importancia general del sacrificio como procedimiento mediante el cual tanto Bonald como Maistre consideraron a la destrucción como parte de un todo ordenado. "En todas las sociedades religiosas del universo hay sacrificio social, es decir, *don del hombre y ofrenda de la propiedad*", escribió Bonald.[70] Por su parte, Maistre afirmó "que la historia nos muestra todo el tiempo a los hombres persuadidos de esta dura verdad: *que viven bajo la mano de una potencia irritada, la cual no puede ser apaciguada*

---

65   *Ibídem.* 142.
66   *Ibídem.* 143.
67   MAISTRE (2003): 11-12.
68   *Ibídem.* 14.
69   BONALD (1843b): 145.
70   *Ibídem.* 207.

más que por sacrificios".[71] El sacrificio es el modo en que se expían los crímenes.[72]

Sin embargo, lo singular del sacrificio es que desborda el dominio de la penalidad mediante la incorporación del inocente, quien es destruido bajo la carga de una falta que no cometió. Así Jesús, así los mártires, así un rey guillotinado por un pueblo rebelde. El poder del sacrificio no reside en un golpe de fuerza contra el criminal, sino en el acto por el cual un inocente acepta como propio un crimen ajeno.[73] La autodestrucción sacrificial funciona así como garante contra una destrucción absoluta y definitiva. La guerra misma es susceptible, bajo esta visión, de ser no sólo inevitable sino también beneficiosa.

> Hay lugar para dudar que esta destrucción violenta sea, en general, un mal tan grande como se cree: al menos, es uno de esos males que entran en un orden de cosas donde todo es violencia y contra natura y que produce sus compensaciones. Para comenzar, cuando el alma humana ha perdido su fuerza debido a la molicie, la incredulidad y los vicios gangrenosos que siguen al exceso de civilización, ella no puede ser fortalecida más que por la sangre. No es fácil, ni mucho menos, explicar por qué la guerra produce efectos diferentes según circunstancias diferentes. Lo que se ve con bastante claridad es que el género humano puede ser considerado como un árbol al que una mano invisible recorta sin tregua, operación tras la que se siguen ganancias. Es verdad que si se toca el tronco o se lo arranca de raíz el árbol puede morir; ¿pero quién conoce los límites para el árbol humano?[74]

La guerra no es sólo un crimen o un castigo. La guerra es un sacrificio que hacen los hombres para que siga viviendo la sociedad.

—— ■ ——

Locke consideró que la ley fundamental de la naturaleza estaba decretada en *Génesis* 9:6: "Quien vertiere sangre de hombre, por otro hombre será su sangre vertida". La prueba de la extensión de esta ley, dijo, también se encontraba en el texto bíblico: "Caín

---

71   MAISTRE (1854): 322.
72   *Ibídem*. 323.
73   *Ibídem*, 405. También (2003): 31.
74   MAISTRE (2003): 28. También MAISTRE (1854): 391-392.

estaba plenamente convencido de que todos tenían derecho a matar a un criminal que, tras el asesinato de su hermano, exclamó en voz alta: 'cualquiera que me encuentre me matará' [*Génesis* 4:14], tan claramente estaba escrita esa máxima en los corazones de todos los hombres".[75] Locke, preocupado por fundamentar todo un sistema político sobre el derecho al castigo, omitió que tras las palabras atemorizadas de Caín, el siguiente pasaje de las Escrituras dice: "Yahvé le respondió: 'Al contrario, quienquiera que matare a Caín, lo pagará siete veces'. Y Yahvé puso una señal en Caín para que nadie que lo encontrase lo atacara" (*Génesis* 4:15). Si bien Caín fue expulsado por Dios de la tierra en que vivía, el primer asesino de la tradición bíblica quedó, según los términos de la ley fundamental de la naturaleza, impune. La complejidad de Caín para la filosofía es aun mayor si se tiene en cuenta que es el primero a quien se le atribuye la fundación de una ciudad (*Génesis* 4:17). El crimen no penado no puede tener lugar al interior de una teoría para la cual es la manifestación inaceptable y potencialmente fatal de la destrucción. Distintas son las perspectivas que se abren al pensar a partir de la institución del sacrificio.

La historia de Caín comienza en efecto con un sacrificio. Él, hijo mayor de Adán y Eva, era labrador, su hermano Abel era pastor, y al momento de hacer una ofrenda a Dios el primero le dio frutos del suelo, el otro dio a sus corderos, y Dios prefirió esta última ofrenda y Caín, enfurecido asesinó a Abel. Maistre fue claro al respecto: las tradiciones indican que el sacrificio de un hombre es grato para la divinidad,[76] pero que para no inmolar al hombre en la búsqueda de su redención, se ha instituido que se sacrifiquen animales (*Génesis* 22), pero no aquellos que son depredadores o estúpidos, sino los más cercanos al hombre, los más preciosos por su utilidad, los más dulces e inocentes.[77] El cordero representa por lo tanto, indudablemente, un mejor sacrificio que los vegetales. La salvación se logra por la sangre.[78] Esa representación del sacrificio de los hombres es la que fue llevada

---

75   LOCKE (2010), §11: 25.
76   MAISTRE (1854): 357.
77   *Ibídem*. 341-342.
78   *Ibídem*. 405.

a su máxima perfección por Jesús: "He ahí el cordero de Dios, que quita el pecado del mundo" (*Juan* 1:29). Dios protegió a Caín porque su crimen no sería borrado por un castigo, sino por el sacrificio del más inocente de los hombres, aquél a quien le preguntaron si bastaba perdonar las ofensas de un hermano hasta siete veces, y respondió: "No te digo hasta siete veces, sino hasta setenta veces siete" (*Mateo* 18:22). Esas palabras fueron leídas por Bonald como respuesta de Jesús a Caín.[79] Donde Locke encontraba una ley fundamental basada en el castigo, puede leerse antes bien la necesidad del sacrificio, el requerimiento de que otro hombre, en vez de hacer sangrar al asesino, sangre en su lugar.

El criminal y el inocente son los dos rostros inseparables del sacrificio. Maistre adjudicó esa ambivalencia a todo el dominio de lo sagrado:

> Se ve aquí por qué el término *sagrado* (*sacer*) tenía en la lengua latina tanto una connotación buena como una mala, por qué la misma palabra en la lengua griega (οσιος) significa igualmente lo que es santo y lo que es profano; por qué el término *anatema* significaba a la vez lo que es ofrecido a Dios a título de don y lo que es entregado a su venganza [...] Sagrado significa, en las lenguas antiguas, lo que es librado a Dios, no importa a qué título.[80]

Se comenzaba a delimitar así un terreno ambiguo que pronto fue ocupado por la sociología durkheimiana.

---

79 Respecto al modo en que Jesús responde a Caín, véase BONALD (1843b): 75-78.
80 MAISTRE (1854): 347-348.

5

LA CENTRALIDAD DE
LA RELIGIÓN

5.1. Hobbes, ante las guerras religiosas y la revolución en Inglaterra, y Bonald y Maistre, ante la Revolución francesa y la guerra iluminista contra la religión, afirmaron con preocupaciones similares que sólo puede haber un único y absoluto principio organizador de lo social. Ese común llamado a un ejercicio pleno de la decisión, contrario a la expectativa de que el curso de los acontecimientos resulte de la dialéctica entre voces heterogéneas, sirvió para que Carl Schmitt, en *Teología política* (1922), uniera a dichos autores para formular su concepto de soberanía.[1] Sin embargo, el período que va de la teoría política de Hobbes a las de Bonald y Maistre es también el de la emergencia de una serie de ideas sobre la sociedad que hacen que las coincidencias entre los pensadores de la soberanía absoluta sean, en realidad, expresiones de dos mundos desencontrados.

El absolutismo de Hobbes es el de una república cristiana donde las funciones de la religión, sin que se les deje de reconocer su especificidad, serían absorbidas por el Estado, rompiendo con la idea de un principio de poder de origen divino distinto al terrenal.[2] Es por eso que la disolución del Estado es igual a la del todo social y lleva a la guerra y la destrucción sin límite. En cambio, los términos *sociedad civil*, *pueblo*, *ciudadanía*, *multitud* y *sociedad* trabajados por Locke, Spinoza y Rousseau señalaban la existencia de formas de asociación capaces de prescindir –al menos

---

1 SCHMITT (2009b): 9-58.
2 Respecto al modo en que Hobbes secularizó el contenido político de la religión puede verse STRAUSS (1982): 86-104.

parcialmente– del sostén estatal. Bonald y Maistre, conocedores de esos movimientos, al presenciar la Revolución y la caída de la monarquía no temieron un espiral de ruina sin fin, pero tampoco asumieron que allí residiera la negación del poder absoluto, sino que afirmaron que había sido un error depositar el principio de soberanía en una construcción política artificial elaborada por los hombres y que era más adecuado asentarlo en una sociedad divina anterior a toda voluntad humana. La captura del Estado por el pueblo, lejos de ser un trastorno irredimible, era un nuevo sacrificio de Dios –entregando la cabeza de Luis XVI– para restaurar con más fuerza el orden, del mismo modo en que permitía que los cometas se mostraran como excentricidades entre los astros sólo para mostrar que su aparente irregularidad es debida a leyes aun más profundas.[3] Se trata aquí del absolutismo de una sociedad cristiana donde las funciones específicas de la política serían absorbidas por la religión, rompiendo con la idea de un poder artificial distinto al poder natural divino.

Schmitt, a pesar de entender que el surgimiento de la "sociedad" había modificado drásticamente la dinámica de lo político,[4] no llegó a dar cuenta de su peso en la redefinición del problema de la soberanía a cargo de los filósofos contrarrevolucionarios.[5] Al hacer la historia del declive del argumento hobbesiano a favor de la soberanía absoluta, en *El Leviatán en la teoría del Estado de Thomas Hobbes* (1938), Schmitt la atribuyó a la creciente escisión entre un dominio de lo íntimo y privado distinto al de los actos externos y públicos que reponía, bajo otro modo, el quiebre y el conflicto entre los poderes espirituales y los temporales.[6] Del mismo parecer es Reinhart Koselleck en su notable estudio sobre el nacimiento de las ideas fundamentales de la política burguesa desde Hobbes a la Revolución de 1789, *Crítica y crisis* (1959).[7] La importancia de ese acontecimiento de ruptura en el mundo moderno –que para Schmitt está encarnado en la figura y el pen-

---

3   BONALD (1800): 15.

4   SCHMITT (2009a): 53.

5   Un motivo probable es que Schmitt leyó a los contrarrevolucionarios de modo parcial e incompleto, según lo sostenido en GARRARD (2001).

6   SCHMITT (1990).

7   KOSELLECK (2007).

samiento de Spinoza– no puede negarse de ningún modo, pero la idea de que hay un dominio sobre el que la fuerza política ya no tendría efectividad no se elabora sólo frente el ámbito de la conciencia, o al menos no sólo ante la conciencia como espacio íntimo individual. En última instancia, el problema es si acaso la decisión política no debe asumir que hay formas de la asociación sobre las que, aun intentando modificarlas, no tendría poder creador ni destructor. La cuestión es central en la medida en que el propio Schmitt definió la especificidad de lo político como la distinción entre amigos y enemigos ante el evento posible de una lucha a muerte.[8]

La crisis política atravesada por el mundo occidental –o, más específicamente, por Europa– desde fines del siglo XIX, profundizada por las dos guerras mundiales del XX, cristalizó, según Schmitt, en la disolución de la figura del enemigo en la del criminal.[9] En un mundo pacificado donde la única guerra admisible es la que se propone como freno y culminación de toda guerra, quienes rompen el contrato global de paz ya no son enemigos a los que se pueda tratar como iguales que se arrojan a la disputa, sino criminales a los que no bastará vencer en el plano bélico, sino que luego deberán ser condenados en un fuero judicial. Semejante escenario, explicó Schmitt, implica al menos dos series de consecuencias.

Por una parte, el recurso a la lucha es negado bajo la expectativa de que todos los conflictos sean dirimidos o bien en el ámbito de la competencia económica o bien en el de la querella legal. Schmitt no consideraba que tal negación del horizonte bélico ante el que se constituye lo político pudiese ser efectiva: "Porque un pueblo haya perdido la fuerza o la voluntad de sostenerse en la esfera de lo político no va a desaparecer lo político del mundo. Lo único que desaparecerá en ese caso es un pueblo débil".[10] El recurso a la lucha negado por alguien queda así en manos de otros que pasan a tener la facultad de indicar a quienes declinaron las armas quiénes son ahora sus amigos y enemigos.

---

8   SCHMITT (2009a): 56-65.
9   SCHMITT (2005): 12-113, 277-279 y 302-303. Este problema es también central tanto en *El concepto de lo político* como en *Teoría del partisano* (1994).
10 SCHMITT (2009a): 82.

La otra consecuencia es que si quienes emprenden una guerra pasan a ser criminales, al quedar despojados del estatuto político de enemigos ya no aparecen como semejantes sino que adquieren una condición anómala que habilita que se los combata hasta la aniquilación.[11] Schmitt consideraba que ese movimiento era un retroceso o bien a la situación antigua o medieval en que los imperios, al no reconocer ninguna unidad política fuera suyo, llevaban a cabo sus guerras como guerras de destrucción, o bien a las guerras religiosas o coloniales en las que enemigos criminalizados podían ser combatidos hasta su exterminio total.[12] A su vez, la criminalización de la guerra realizada en el siglo XX podía ser entendía como solidaria al desarrollo de armas de destrucción masiva que en propiedad de unos pocos rompían toda posibilidad de contienda justa y cuyos efectos devastadores hacían que sólo fuese tolerable utilizarlas sobre quienes pesa la condena de ya haber cometido un crimen imperdonable. "Los hombres que emplean aquellos medios [de destrucción masiva] contra otros hombres –escribió Schmitt– se ven obligados a destruir también moralmente a los otros hombres, es decir, a sus víctimas y objetos. Hay que declarar a la parte contraria, en su totalidad, como criminal e inhumana, como un desvalor absoluto. Si no es así, ellos mismos resultarían criminales e inhumanos. La lógica de valor y desvalor despliega toda su consecuencia destructora y obliga a nuevas discriminaciones, criminalizaciones y desvalorizaciones más profundas, hasta la destrucción de toda vida que no merece vivir".[13]

Schmitt postuló que esta nueva situación representaba un peligro mayor al desplegado cuando las unidades estatales de Europa, desde el siglo XVII y hasta fines del XIX, aceptaron que siendo todas soberanas ninguna tenía la potestad de indicarle a otra si su guerra era justa o criminal, reconociéndose entre ellas como enemigas justas (*iustus hostis*) que podían confrontar en pie de igualdad sin que tras la victoria de una de las partes se siguieran condenas a la otra (con el armisticio llegaba la amnistía).[14]

---

11   *Ibídem.* 66.
12   SCHMITT (2005): 35 y 135.
13   SCHMITT (1994): 113-114.
14   SCHMITT (2005): 110, 133-142, 149 y 164.

La destrucción de la sociedad

La normalización de la expectativa de guerra entre Leviatanes era, para Schmitt, una situación menos inquietante que la búsqueda de suprimir toda guerra mediante su criminalización.

El argumento de Schmitt descansa sobre la equivalencia entre, por una parte, aquellos agresores bélicos a los que el siglo XX definió como criminales y, por otra parte, los bandidos y corsarios que según Bodin no debían ser confundidos con los enemigos justos que gobiernan con rectitud otras unidades políticas.[15] Dicha equivalencia es tan problemática como la concordia propuesta entre las teorías de la soberanía de Hobbes, Bonald y Maistre. El pensamiento político y jurídico moderno no sólo ha distinguido a los corsarios de los enemigos justos, sino también de los criminales. El Leviatán de Hobbes tiene la facultad excepcional de que ciertos actos sean tratados como declaraciones de guerra aun si la ley ya los tiene tipificados como crímenes sujetos a penas específicas, lo cual no implica que ese poder borre la distinción. Todo crimen puede guardar una ofensa de lesa majestad, pero ese guardar es una forma de pacificación, una cobertura que intenta evitar la guerra. El criminal es parte del cuerpo político y es tratado de acuerdo a las leyes. Incluso para Locke, quien equiparó a todo criminal con una bestia inhumana a la que es justo hacerle la guerra, distinguió que los ciudadanos, aun si tienen derecho a defenderse de todo ataque, no pueden perseguir a sus agresores y condenarlos como sí pueden hacerlo con un lobo o un tigre, pues en el estado civil ellos son objeto de las leyes antes que de la fuerza. El crimen es siempre una intensidad del conflicto menor a la de la guerra. Por lo tanto, al plantear que la lucha con el criminal se desarrolla entre un superior que se atribuye justicia y un inferior categorizado de inhumano, Schmitt parece haber leído el derecho de gentes que va del siglo XVII al XX sin estar al tanto de las transformaciones en paralelo desarrolladas en el ámbito del derecho penal. El criminal no sólo ha recibido el reconocimiento de su humanidad, línea cuya expresión teórica se remonta al tratado *De los delitos y las penas* (1764) de Cessare Beccaria, sino que incluso ha sido un laboratorio sobre el que trabajar redefiniciones del

---

15 BODIN (1993): 57.

concepto de hombre, tal como lo estudió Michel Foucault en *Vigilar y castigar* (1975). Antes incluso, tanto para Hobbes como para Locke, la destrucción se cifra en la guerra y no en el crimen, a la vez que el criminal únicamente pasa a ser objeto de aniquilación cuando su intensidad lo convierte en enemigo. Que el siglo XX haya procedido a la deshumanización de poblaciones enteras no es entonces efecto de tratarlas como criminales, sino que corresponde antes bien con los resultados del despliegue de biopolíticas que inauguraron nuevos espacios de excepción donde, de acuerdo a los estudios de Agamben, ya no rige ley alguna incluso si se conserva un estado de derecho.

Ante un mundo que se pretende pacificado, Schmitt trasladó todo el problema de la destrucción desde la guerra hacia el crimen. La negación de la conflictividad política sería igual a la negación de la amenaza de una destrucción que sigue estando presente pero que ahora, o bien velada o bien restringida al control de unos pocos, es aun más riesgosa que en la contienda abierta entre Estados. Es decir, Schmitt discutía de ese modo lo que estaba en el corazón del pensamiento de Bonald y Maistre: la idea de que las fuerzas destructivas son impotentes, o, más bien, que deben toda su fuerza a su contribución a una tarea restauradora del orden. El argumento conservador según el cual la negación del orden social natural-divino, lejos de eliminarlo, lo repone con nuevo esplendor, es movilizado por Schmitt en sentido contrario, de modo que la destrucción negada se manifestará como mayor destrucción. El retorno trágico de lo reprimido es igualmente anunciado desde ambos frentes pero para sostener problemas contrarios.

La distancia entre el decisionismo de Hobbes y el de Bonald-Maistre es la que va de un soberano constituido por un artificio político ante el temor de la destrucción a un soberano natural constituido más allá de todo temor. La decisión es para Bonald y Maistre menos un acto político autónomo que un efecto de la existencia natural-divina de las jerarquías sociales. En los términos de Hobbes y Locke, los hombres modernos, ya sin contacto con un creador que se había llamado a silencio, tenían la libertad y la obligación de organizar sus vidas en común mediante un ejercicio político únicamente sostenido en su propia fuerza.

En ese espacio político, según los términos de Bonald y Maistre, ahora volvía a sonar la voz ordenadora de Dios, o de la sociedad.

5.2. En la medida en que los conceptos de pueblo, ciudadanía y sociedad civil fueron entendidos como crecientemente autónomos del poder político de dictar leyes bajo pena de muerte, estos tendieron a revelarse como portadores de contenidos religiosos que se habrían infiltrado en las grietas de la filosofía política secular.

Sin embargo, a pesar de la deuda de ciertos planteos de la ciencia de la sociedad del siglo XIX con la eclesiología y la teología cristiana medieval (la importancia del concepto de jerarquía, el carácter universal de la asociación y su estatuto de realidad distinta a la de sus integrantes),[16] difícilmente pueda hablarse de un resurgir del pensamiento católico que, tras permanecer silencioso durante siglos tras el grito de Alberico Gentili para que los teólogos no se entrometieran en cuestiones de guerra,[17] habría sabido encontrar una nueva chance en un tiempo de crisis. La divinización de la sociedad bajo términos cristianos elaborada por Bonald y Maistre fue un intento no falto de desesperación por reconducir el plus de fuerza con que lo social desbordaba a la política hacia una forma capaz de mantener el principio de autoridad más allá de los límites del Estado, pero el trabajo iluminó menos la posibilidad de un nuevo cristianismo que la fluidez con que la nueva e imprecisa definición de lo social adaptaba para sí las categorías espirituales del lenguaje religioso. En 1825 Saint-Simon describía esa afinidad sosteniendo que aun si se dudara de la "excelencia sobrehumana" del pensamiento cristiano, este debería ser respetado como el ideario más general jamás empleado por los hombres, "la teoría más elevada producida en dieciocho siglos".[18]

Ahora bien, la importancia y necesidad de apelar al vocabulario religioso es constitutiva de la filosofía política moderna desde mucho antes de su uso por la ciencia social, pero se trató, desde Hobbes hasta Rousseau, de un reconocimiento de instancias ex-

---

16   Al respecto, IOGNA-PRAT (2016): 7-12, 49-87 y 161-182. También COCCIA (2011).
17   SCHMITT (2005): 111 y 116.
18   SAINT-SIMON (1839): 320.

teriores a las voluntades estatales, jurídicas y políticas realizado fundamentalmente bajo la urgencia de domesticar esa heterogeneidad.[19] Para dejar de ser terreno de disputas, la religión, formulada ahora en términos civiles o políticos, debía conquistarse de modo tal que sus preceptos fuesen compatibles con un ejercicio de gobierno únicamente humano, racional y voluntario.[20] Dicha ambición jamás significó que los escritores políticos pretendieran negar que hay momentos en que el arte político se revela ineficiente, pero ese límite, al que Maquiavelo llamó "fortuna" o "suerte", fue considerado antes un espacio de contingencia que un encuentro con otra forma de gobierno.[21] La prehistoria de la sociología se desarrolló en la medida en que las fuerzas exteriores a la acción política humana fueron entendidas como constantes, sujetas a leyes, mientras la contingencia fue trasladada al interior de la política, como su límite interno. Lo social es un gobierno sobre los hombres del que, sin embargo, ningún hombre ni grupo definido de hombres puede declararse autor. Las comparaciones con las fuerzas divinas, inexistentes o silenciadas según el pensamiento moderno, fueron inmediatas.

Tras Bonald y Maistre, diversos pensadores franceses continuaron indagando y discutiendo los términos de la relación entre la sociedad y la religión, tal como puede verse en los trabajos de Saint-Simon, Philippe Buchez, Pierre Leroux y Jean-Marie Guyau.[22] Sobre esos antecedentes, Durkheim, en su gran libro de 1912, *Las formas elementales de la vida religiosa*, afirmó que la acción de una sociedad sobre sus miembros es como la de un Dios para sus fieles.[23]

5.3. El 7 de mayo de 1897, Paul Lapie, en una carta a su amigo y colega Célestin Bouglé, contó algunos detalles de su primer en-

---

19   ROUSSEAU (1995), Libro IV, Cap. 8: 159-170.
20   Al respecto, BEINER (2011).
21   MAQUIAVELO (1995), XXV: 155-158.
22   Sigo aquí el valioso recorrido de BEHERENT (2008).
23   DURKHEIM (1990a): 295. Con variantes, esta idea fue repetida por Durkheim en otras ocasiones: 2010b: 75 ("Détermination du fait moral", 1906); 1975b: 10 ("Moral, religion et société", 1906), 22 ("Idéal moral, conscience collective et forces religieuses", 1909), 29 ("Le problème religieux et la dualité de la nature humaine", 1913) y 94 ("Cours sur les origines de la vie religieuse", 1907).

cuentro, "largo y bastante confuso", con Durkheim: "En el fondo, explica todo, *en este momento*, por la religión, la interdicción de los matrimonios entre parientes es un asunto religioso; la pena es un fenómeno de origen religioso, todo es religioso".[24] No siempre había sido así. En 1896, en una carta a su también amigo y colega Bouglé, Durkheim confesaba que quince años antes había creído poder encontrar en la economía todas las respuestas a sus preguntas sobre la sociedad, pero que finalmente no había logrado nada excepto una experiencia negativa.[25] En efecto, en su lección inaugural de 1887 en Burdeos había señalado que los economistas fueron los primeros en proclamar que las leyes sociales son tan necesarias como las leyes físicas y en hacer de ese axioma la base de una ciencia.[26] Por otra parte, la primera página de su tesis doctoral publicada en 1893 comenzaba por reconocer que Adam Smith había sido pionero en teorizar el fenómeno sociológico de la división del trabajo.[27] Sin embargo, su valoración de la ciencia económica cargó siempre con una crítica fundamental: ella únicamente concedía realidad a los individuos y sus actos, entendiendo que lo social carece de peso propio y debía, por lo tanto, ser despejado como una mera abstracción o generalización de hechos particulares.[28] Para Durkheim, en cambio, la sociedad no era un "entidad metafísica" y expresiones del lenguaje corriente tales como "conciencia social", "espíritu colectivo" y "cuerpo de la nación" no tenían un simple valor verbal, sino que designaban hechos concretos:

> Es falso decir que un todo es igual a la suma de sus partes. Por el sólo hecho de que estas partes tienen entre ellas relaciones definidas y están ensambladas de cierta manera, resulta de ese conjunto algo nuevo, un ser sin duda compuesto, pero que tiene propiedades especiales y que puede incluso, bajo ciertas condiciones, tener conciencia de sí.[29]

---

24   LAPIE, PARODI, FAUCONNET, MAUSS, BESNARD, y GALEY, (1979): 39.
25   DURKHEIM (1975b), "Lettres à Célestin Bouglé": 392.
26   DURKHEIM (2010a), "Cours de science sociale": 88.
27   DURKHEIM (1991): 1.
28   DURKHEIM (2010a): 92. También DURKHEIM (1975a), "L'état actuel des études sociologiques en France": 105.
29   DURKHEIM (1975a), "La science positive de la morale en Allemagne": 271-272.

La economía, en definitiva, con sus leyes basadas únicamente en los individuos, quedaba a mitad de camino entre, por un lado, el arte político, que considera que todo es obra de los hombres y que la descripción de lo que *es* debe estar subordinada al ideal de lo que *debe ser*, y, por otro lado, la actitud científica para la que las leyes son independientes de la voluntad de los hombres e implican, incluso en el orden de lo más propiamente humano, el reconocimiento de fuerzas distintas a las individuales. La solución propuesta por Durkheim fue entender que las funciones económicas son antes funciones sociales que expresión de los deseos de los individuos y que la ciencia económica debía considerarse como una rama de la sociología.[30]

Esta crítica a la ciencia económica, tomada en conjunto con la crítica al entendimiento de la figura del legislador como artífice de lo social,[31] es fundamental para entender el movimiento ulterior de la sociología hacia otro dominio. En ambas disciplinas Durkheim veía la reiteración de los prejuicios metafísicos o religiosos según los cuales "la humanidad sería un mundo aparte, sustraída, por no se sabe qué oscuro privilegio, al determinismo cuya existencia constatan las ciencias naturales en el resto del universo". Y agregaba: "Para que la nueva ciencia pudiera fundarse hacía falta extender la idea de leyes naturales a los fenómenos humanos".[32] El punto de vista antropocéntrico que ya había sido superado en todas las ciencias de la naturaleza, debía ser abandonado también para la sociología.[33] Durkheim entendía que esa separación del hombre respecto a la naturaleza se había realizado fundamentalmente en dos momentos históricos. En primer lugar, los grandes pensadores griegos, desde Tales hasta los sofistas, habían especulado sobre el universo físico en general, y sólo con Sócrates –es decir muy tarde en la historia filosófica griega– el hombre se volvió objeto de una reflexión especial. Por otra parte, durante la Edad Media se profundizó la escisión entre los saberes de acuerdo a la distinción entre el *Trivium*, referido a "las disciplinas que tienen por objeto las diferentes manifestaciones de la

---

30 DURKHEIM (2010a), "Sociologie et sciences sociales": 155-156.
31 DURKHEIM (1892).
32 DURKHEIM (1975a), "Sociologie et sciences sociales": 123.
33 DURKHEIM (2010a), "La sociologie en France au XIXe siècle": 135.

naturaleza humana, es decir, la *gramática*, la *dialéctica* y la *retórica*, y por otra parte el *Quadrivium*, "el conjunto de las disciplinas relativas a las cosas, es decir la *aritmética*, la *geometría*, la *música, ciencia de los sonidos y del ritmo*, y la *astronomía*". De la escolástica medieval, así como del Renacimiento, era también el énfasis en los textos y las opiniones de los hombres como espacio fundamental del conocimiento, por sobre la observación de los fenómenos en la naturaleza.[34]

Para Durkheim la sociología se diferencia de la política en la medida en que esta última presupone una distinción plena entre acciones humanas y no humanas que debe discutirse. La diferencia clásica entre estos dominios, aquella célebremente definida por Max Weber al indicar que la "neutralidad valorativa" era uno de los requisitos metodológicos centrales de la investigación sociológica,[35] también fue postulada por Durkheim como necesidad de priorizar la comprensión de los fenómenos antes que su enjuiciamiento,[36] pero en este caso se trata de una suspensión orientada a un profundo trabajo transformador. Que la ciencia sólo pueda aparecer cuando "se hace abstracción de toda preocupación práctica"[37] no lleva a que el estudio de la realidad implique renunciar a mejorarla, motivo por el cual Durkheim advertía: "nuestras investigaciones no valdrían la pena si no debieran tener más que un interés especulativo".[38] El objetivo sumamente ambicioso enunciado al final de *La división del trabajo social* va más allá del estudio de las formas morales existentes y propone la necesidad de "construirnos una moral".[39] Así como el dominio sobre las ciencias naturales se había logrado sólo en la medida en que los hombres asumieron que había cosas más allá de sus pretensiones de omnipotencia y les reconocieron una naturaleza propia, la tarea "urgente" de la sociología era liberar al hombre de tal prejuicio antropocéntrico.[40] Esa urgencia no respondía a que

---

34 DURKHEIM (2014): 319-322.
35 WEBER (1917): 222-269.
36 DURKHEIM (2010b), "Détermination du fait moral": 49.
37 DURKHEIM (2010a), "La sociologie en France au XIXe siècle": 120.
38 DURKHEIM (1991): XXXVIII-XXXIX.
39 *Ibídem* 406.
40 DURKHEIM (1919): XXIV.

el trabajo pudiese realizarse en lo inmediato, sino, por el contrario, a que los progresos de la ciencia son "infinitamente lentos y laboriosos".[41] La sociología era una ciencia "nacida ayer"[42] y todas las ciencias, en sus inicios, "atraviesan una fase que podría llamarse ideológica",[43] por lo cual ella también, como la física o la biología, estaba llamada a transitar siglos de trabajos hasta lograr salir del terreno especulativo y convertirse en un conocimiento aplicado. Ni Durkheim ni los investigadores cercanos a su proyecto pretendieron haber logrado llegar hasta ese punto, pero de ningún modo dejaron de aspirar a él. En 1927 Marcel Mauss podía sonar terminante: "La *política* no es una parte de la *sociología*. Incluso hoy es frecuente que los dos géneros de investigaciones se mezclen. Nosotros insistimos en su separación".[44] Sin embargo, al final de su *Ensayo sobre el don* (1925), Mauss indicaba que el estudio de la vida social en su totalidad puede conducir a conclusiones "cívicas": "Estudios de este género permiten en efecto entrever, mesurar y balancear los diversos móviles estéticos, morales, religiosos, los diversos factores materiales y demográficos cuyo conjunto funda la sociedad y constituye la vida en común, y cuya dirección consciente es el arte supremo, la *Política*, en el sentido socrático del término".[45]

La sociología disputa con la filosofía política debido a que ésta habría abandonado sus tareas más fundamentales.

En el curso de una serie reciente de investigaciones históricas y filosóficas, Fabián Ludueña Romandini indicó que la actual distancia entre la teoría política y la cosmología da la espalda a aquello que se encuentra en el principio de la filosofía occidental, más precisamente, en su fragmento escrito más antiguo, aquél de Anaximandro que, hace dos mil seiscientos años, consideraba que las cosas se corrompen con el tiempo como pena a la culpa de existir.[46] Según la original y sugestiva interpretación de Lu-

---

41 DURKHEIM (1975a), "L'empirisme rationaliste de Taine et les sciences morales": 174.
42 DURKHEIM (2010a), "Cours de science sociale": 85.
43 DURKHEIM (1975a), "L'état actuel des études sociologiques en France": 94.
44 MAUSS (1968c), "Divisions et proportions des divisions de la sociologie": 232.
45 MAUSS (2013), "Essai sur le don": 279.
46 En la traducción propuesta por Ludueña Romandini el fragmento dice: "[el principio (*archén*) de los seres (*tôn ónton*) es lo indeterminado (*tò ápeiron*)] desde lo cual (*ex hôn*) hay generación

dueña Romandini, allí se pone de manifiesto el vínculo necesario e ineludible entre lo jurídico y lo cósmico, entre lo político y lo natural, entre *nómos* y *physis*. Ludueña, sobre el efecto que tiene hoy pensar en esos vínculos, precisa: "No se trata, de ningún modo, de pensar que en Anaximandro existía algo así como una 'mentalidad primitiva' que mezclaba lo que la ciencia preclara y avanzada iba luego a separar en dominios aislados y propios. Al contrario, las palabras de Anaximandro muestran la unión fundamental de todos los saberes con los que Occidente comenzó y fundó su reflexión filosófica".[47] La sociología durkheimiana, con espíritu afín, es estrictamente un intento de establecer puentes entre aquellos dominios que hoy están tanto o más aislados que a fines del siglo XIX e inicios del XX. La absoluta actualidad de su tarea se define ante la pervivencia del problema frente al que se constituyó. Tal vez algún día la política vuelva a ser pensada y ejercida como gobierno sobre un mundo social habitado por "hombres totales" –según el concepto usado por Mauss en 1924[48]– que no son artífices de sí mismos y que viven bajo el efecto de fuerzas que perciben más allá de sus límites. Ese es el objetivo de la sociología respecto a la política, muy por encima de la pretensión de volverla una ciencia exacta (Durkheim entendía que "las guerras, los tratados, las intrigas, los actos de los hombres de Estado son combinaciones que jamás son parecidas a ellas mismas; no se puede más que relatarlas y, para bien o para mal, ellas parecen no proceder de ninguna ley definida. Se puede decir, en todo caso y con certeza, que si tales leyes existen, ellas son las más difíciles de descubrir"[49]). En tanto la política no recobre su vínculo con todo aquello que hay en el mundo de exterior a un

---

(*génesis*) para las cosas que son (*toîs oûsi*) y hacia ello se produce la corrupción (*phthorán*), según la culpa (*katà tò crheôn*); en efecto, ellas pagan la pena (*didónai autà díken*) y reparan (*tísin*) la injusticia (*adikías*) recíprocamente, [según la sentencia (judicial) del tiempo (*katà tèn toû chrónou táxin*)]".

47 LUDUEÑA ROMANDINI (2015): 223. El autor también trabajó sobre este mismo fragmento de Anaximandro y sus consecuencias en un texto de 2014.
48 MAUSS (2013), "Rapports réels et pratiques de la psychologie et de la sociologie": 306. La lectura aquí propuesta de la figura del "hombre total" pensado como continuidad y no diferencia con los postulados fundamentales de la sociología de Durkheim se opone a la rigurosa e interesante lectura disponible en KARSENTI (2011): 99-103.
49 DURKHEIM (1975a), "Sociologie et sciences sociales": 147.

entendimiento de lo humano basado en las figuras de individuos que se gobiernan a sí mismos como legisladores autónomos, la sociología seguirá teniendo motivos para decirse como diferencia respecto al dominio político.

El interés central que la sociología durkheimiana concedió a las religiones sólo puede entenderse en las coordenadas de la necesaria integración de aquello que la política moderna habría intentado separar.

5.4. El 8 de noviembre de 1907, en una carta dirigida al director de la *Revue néo-scolastique* en respuesta a un texto crítico del abogado y filósofo Simon Deploige titulado "La génesis del sistema del Sr. Durkheim", el sociólogo escribió:

> fue sólo en 1895 que tuve el sentimiento claro del rol capital que la religión juega en la vida social. En aquel año, por primera vez, encontré el medio para abordar sociológicamente el estudio de la religión. Fue para mí una revelación. Aquel curso de 1895 traza una línea de demarcación de mi pensamiento, tanto que todas mis investigaciones anteriores debieron ser sometidas a nuevos esfuerzos para ser puestas en armonía con estas nuevas.[50]

Este fragmento es uno de los más citados por los comentaristas de la obra de Durkheim, siendo aquél que daría constancia de que el interés por las religiones significó un quiebre en la obra del sociólogo, un cambio de rumbo radical que dividiría su empresa en dos. Tal vez el haber hablado de "una revelación" marcó la tendencia a buscar las causas de ese interés fuera de la obra elaborada hasta el momento. Philippe Besnard, uno de los más rigurosos historiógrafos del durkheimismo, consideró que entre 1895 y 1897 el sociólogo habría atravesado una "inequívoca crisis" personal e intelectual contribuida por las muertes de su padre, en 1895, y la de su cuñado Gerson Mauss, el padre de Marcel, en 1896, por las críticas recibidas tras la publicación de *Las reglas del método sociológico*, por la promoción a titular de cátedra en Burdeos y por las idas y vueltas en torno al lanzamiento

---

50 DURKHEIM (1975a), "Deux lettres sur l'influence allemande dans la sociologie française. Réponse a Simon Deploige": 404.

de la revista *L'Année sociologique*.[51] Otro influyente estudioso de Durkheim, Bernard Lacroix, otorgándole gran entidad a la "cesura de 1895", dedicó un extenso análisis histórico y psicológico a la hipótesis de que Durkheim sólo habría sido capaz de ocuparse de la religión tras la muerte de su padre, el rabino Moïse Durkheim.[52] Sobre ese punto se solapa otra cuestión que todos los historiógrafos de Durkheim coinciden en señalar como fundamental: el sociólogo, hijo, nieto y bisnieto de rabinos, a pesar de declinar la continuación del oficio familiar, a pesar de haberse alejado de templos y sinagogas y a pesar de no haber dado ningún tipo de educación religiosa a sus hijos, no habría sido indiferente a un legado intelectual y moral judío que llegó hasta muchas de las formulaciones esenciales de su obra.[53] Sin embargo, a pesar de las innegables conexiones de Durkheim con el judaísmo y de la probada ambivalencia del sociólogo respecto a su identidad religiosa (especialmente manifiesta en la decisión de excluir su primer nombre, David, para que el segundo, Émile, quede como único[54]), todo el tono de su obra es de un laicismo sin fisuras entendido como condición necesaria de toda ciencia.[55] Los aportes judíos están, como también los cristianos y, más importante aun, los de numerosas religiones no occidentales. Incluso si la chispa del creciente interés de Durkheim por las religiones radicase en su historia personal (lo cual es muy dudoso), lo decisivo de su sociología es haber propuesto una teoría general de la religión no acotada por ninguna marca particular. En un contexto donde las pertenencias religiosas seguían teniendo relevancia en la organización de los espacios académicos franceses, los integrantes de los equipos de trabajo liderados por Durkheim, independien-

---

51 BESNARD (1982). El aporte de Besnard es complementado aquí con datos provenientes de la biografía de Durkheim a cargo de FOURNIER (2007).

52 LACROIX (1981): 106-167.

53 Los principales argumentos a favor del peso decisivo de esa herencia judía, junto con los ya mencionados de Lacroix, provienen de FILLOUX (1976); SCHOENFELD y MÉSTROVIC (1989); STRENSKI (1997).

54 Al respecto, BERA (2011).

55 Para una relativización (no negación) de la importancia de la marca judía en la obra sociológica de Durkheim, véase PICKERING (2001). Como complemento y en este caso referido a Mauss, ver PICKERING (1998).

temente de cuáles fuesen sus orígenes religiosos, hicieron valer su laicismo por sobre todas las cosas.[56]

Si la atención sociológica hacia la religión se entiende únicamente como efecto de una determinación biográfica, se pierde por completo la función de este movimiento en el proyecto general de Durkheim. Casi una década antes del supuesto quiebre, en 1887, Durkheim escribió: "Los sentimientos religiosos vinculan al hombre a otra cosa que sí mismo y lo ponen bajo dependencia de potencias superiores que simbolizan lo ideal".[57] En 1894, en el primer capítulo de *Las reglas del método sociológico,* explicó que al desempeñar funciones como hermano, esposo o ciudadano, cumplía con deberes definidos por fuera suyo, en el derecho y las costumbres: "Aun cuando ellos concuerden con mis propios sentimientos y sienta interiormente su realidad, ésta no deja de ser objetiva, pues no soy quien los ha hecho, sino que los he recibido por educación. [...] Del mismo modo, el fiel se encuentra desde el nacimiento con las creencias y prácticas de su vida religiosa; si ellas existían antes de él es porque estaban fuera suyo".[58] Aquí ya sonaban las consignas fundamentales de *Las formas elementales de la vida religiosa:*

> Lo que encontramos en el origen y en la base del pensamiento religioso no son objetos o seres determinados y diferenciados que posean por sí mismos un carácter sagrado; son poderes indefinidos, fuerzas anónimas, más o menos numerosas según las sociedades, a veces incluso unificadas, y cuya impersonalidad es estrictamente comparable a la de las fuerzas físicas cuyas manifestaciones son estudiadas por las ciencias naturales.[59]

El más allá de la facultad legisladora de los hombres, aquello capaz de mostrar que en realidad no pueden crear ni transfor-

---

56 Sobre los entrecruzamientos entre facciones académicas y facciones religiosas en el mundo universitario francés contemporáneo a los durkheimianos, véase el exhaustivo e interesantísimo trabajo de STRENSKI (2003).

57 DURKHEIM (1975a), "La science positive de la morale en Allemagne": 306.

58 DURKHEIM (1919): 6.

59 DURKHEIM (1990a): 285-286. Las antes citadas palabras de *Les règles* casi se replican en *Les formes:* 303. Para un estudio detallado de los abordajes de Durkheim sobre la religión antes de 1912, véase PAOLETTI (2012b).

La destrucción de la sociedad

mar ninguna institución por un simple decreto de su voluntad,[60] ese dominio de fuerzas del que ni la política ni la economía sabían dar cuenta, era el que estaba en el centro del pensamiento religioso.[61] Lejos de manifestar quiebre, la religión aparece en la obra de Durkheim como un puente ya disponible a través del cual superar la separación entre lo individual y lo social criticada desde sus primeros trabajos.

5.5. Sobre el terreno religioso Durkheim encontró nuevos recursos para el desarrollo de su estrategia conceptual más importante. Allí donde dos cosas o dos series de elementos se presentaban antitéticamente, Durkheim tendió de manera sistémica a negar que la tensión debiera resolverse a favor de uno de los términos. Todas las oposiciones están integradas en el sistema que delimita su diferencia. Las dualidades trabajan sin aniquilarse por una lógica victoria/derrota y sin conciliarse en una síntesis. Que el sociólogo haya insistido en comprender la sociedad como el modo de ser sintético de la existencia común de los individuos, nunca significa que ella sea el resultado de un choque de intereses enfrentados.[62] Semejante visión dialéctica permitiría entender el altruismo como un efecto de equilibrio del cálculo egoísta entre individuos, idea que Durkheim constantemente criticó, fuese al utilitarismo económico o a la filosofía del derecho de matriz hobbesiana.[63] La sociedad no es una solución a la disputa. Sobre la base de esa lógica, la sociología durkheimiana no da margen a pensar en una oposición agonística entre un orden social y lo que lo amenaza. La importancia y radicalidad de este

---

60   DURKHEIM (1990a): 37.

61   "Las religiones son cosas complejas, responden a necesidades demasiado múltiples y demasiado oscuras como para que puedan tener origen en el acto reflexivo de una voluntad" (en *ibídem.* 245). "Se sabe, en efecto, que los fenómenos sociales nacen no en el individuo, sino en el grupo. Aún cuando tengamos participación en su génesis, cada uno de nosotros los recibe desde afuera" (*ibídem.* 331). En una nota al pie a la última cita, Durkheim reenvía a las páginas iniciales de *Las reglas del método.*

62   DURKHEIM (1990b): 350-351; DURKHEIM (2010a), "Représentations individuelles et représentations collectives": 36-37; DURKHEIM (1975b), "Idéal moral, conscience collective et forces religieuses": 17.

63   DURKHEIM (1975a), "La science positive de la morale en Allemagne": 272-273 y 308 y también "Origine de l'idée de droit": 235. Puede a su vez verse DURKHEIM (2010b), "Détermination du fait moral": 52 y 67.

planteo esencial a la obra durkheimiana aún no ha sido plenamente desarrollada.[64]

Durkheim fue explícito sobre la estructura dual del vínculo individuo/sociedad y lo mantuvo como uno de los pilares de su pensamiento.[65] Sobre esa dualidad se despliega uno de los ejes que articulan la vida social, el de la integración.[66] Pero Durkheim nunca dejó de remarcar la importancia de otro eje, el de la regulación.[67] Precisamente, el cambio fundamental de su pensamiento entre 1895 y 1897, menos que una modificación de sus postulados de base, fue encontrar que la religión, a la que sólo había concedido un papel secundario al momento de pensar la integración, podía ser central para el estudio de la regulación.

En *La división del trabajo social* (1893) las instituciones religiosas son tratadas como impulsoras fundamentales de una *solidaridad mecánica* –o por semejanzas– que asegura el lazo social entre los individuos por el fortalecimiento de una identidad común o conciencia colectiva. Por otra parte, los procesos de diferenciación social se explican como efecto de una *solidaridad orgánica* expresada fundamentalmente –aunque no por ello causada– por instituciones económicas. Entre estos dos tipos de solidaridad, el derecho, ya no causa de lo social –como sí para la filosofía política– sino efecto sedimentado de la costumbre, sirve como signo sobre el que leer los rasgos distintivos de una y otra modalidad de la asociación.[68] De acuerdo al argumento de Durkheim, donde prima la solidaridad mecánica casi todo el cuerpo del derecho corresponde al dominio de la penalidad y la represión, mientras que la solidaridad orgánica lleva a la disminución del peso de los códigos penales en beneficio de un crecimiento del derecho civil cuyas sanciones son de tipo restitutivo.[69] Un mayor dominio

---

64 A través de su lectura del "Ensayo sobre el don" de Mauss, uno de los autores que más extremó las consecuencias del vínculo entre lo vital y lo destructivo ha sido Georges Bataille, como por ejemplo en BATAILLE (2003), "La noción de gasto": 110-134.

65 DURKHEIM (1991): 23; DURKHEIM (1975b), "Le problème religieux et la dualité de la nature humaine": 23-26; DURKHEIM (2010a), "Le dualisme de la nature humaine et ses conditions sociales": 316-333.

66 DURKHEIM (1990b): 222-233.

67 *Ibídem.* 264.

68 DURKHEIM (1991): 27-34.

69 *Ibídem.* 98-103.

del derecho penal funciona aquí como índice de menor tolerancia con lo diferente, en la medida en que las sanciones punitivas
castigan por castigar, con vocación de daño, haciendo sufrir al
culpable sin que la sociedad espere obtener de allí nada más que
la marca o el espectáculo del dolor del criminal; una mera ven-
ganza.[70] El derecho penal sólo sanciona al culpable, sin dictarle
obligaciones,[71] es decir, sin tratarlo como a un integrante del orden social, al contrario de lo que ocurre con el derecho civil pre-
dominante en las sociedades diferenciadas, que es pedagógico
antes que coercitivo.

En este punto es preciso volver a la carta del 8 de noviembre
de 1907 en la que Durkheim explicó cómo en 1895 le fue revelada
la importancia de lo religioso. La revelación se debía "por completo a los estudios de historia religiosa que acababa de emprender
y sobre todo a la lectura de los trabajos de Robertson Smith y de
su escuela".[72] El gran impacto de ese encuentro tiene su manifestación más importante en el capítulo final de *Las formas elementales de la vida religiosa*, donde Durkheim celebró que el mayor
servicio de William Robertson Smith a la ciencia de las religiones
había sido dar cuenta de la "ambigüedad de lo sagrado".[73] La referencia es a las *Lecturas sobre la religión de los semitas* (1889) y su
planteo de que los límites entre lo "sagrado" y lo "impuro" tienen
puntos donde se vuelven vagos e imprecisos,[74] encontrándose a
veces sobre los mismos seres o cosas y comportándose de modo
similar: "Lo santo, como lo tabú, se concibe como infeccioso, pro-
pagándose por contacto físico".[75] En 1898, también leyendo a este
autor en el contexto de su primer trabajo preparatorio para lo que
luego será *Las formas elementales*, "La prohibición del incesto y
sus orígenes", Durkheim escribió: "Como lo ha mostrado Smith,
los dioses son fuerzas temibles y ciegas; ellas no están atadas a

---

70   *Ibídem.* 52-56.
71   *Ibídem.* 40-41.
72   DURKHEIM (1975a), "Deux lettres sur l'influence allemande dans la sociologie française. Réponse a
     Simon Deploige": 404.
73   DURKHEIM (1990a): 584.
74   ROBERTSON SMITH (1927): 152-153.
75   *Ibídem.* 161.

ninguna moral y según la circunstancia o su simple capricho, pueden ser bienhechoras o terribles".[76]

La consecuencia de esta lectura fue que mientras en *La división del trabajo* Durkheim había considerado que las religiones toleran poca diferencia al nivel de la integración social y tienden a reforzar la homogeneidad de sus miembros, ahora podía pensar que ellas, en el plano de las regulaciones, admiten un altísimo grado de relación con lo prohibido y perjudicial. Se jugaba aquí el cuestionamiento de la anterior equivalencia entre lo religioso y una forma de penalidad centrada en el repudio, el castigo y la exclusión de los transgresores. Así como la sociedad industrial moderna mostraba la solidaridad entre lo individual y lo colectivo, las religiones se abrían como terreno fértil para pensar la solidaridad entre las normas y sus transgresiones. Dicho vínculo necesario ya había sido motivo de interés en los célebres pasajes del tercer capítulo de *Las reglas del método sociológico* (1894) donde se propuso entender el crimen como un fenómeno normal de toda vida social. En *Las formas elementales* esta ambigüedad adquirió máximas dimensiones: las fuerzas religiosas y sociales no sólo actúan como "fuente de la vida", sino que también es preciso remitir a ellas "todos los acontecimientos que perturban la vida o que la destruyen".[77]

5.6. Otra prueba de que el cambio fundamental operado tras 1895 fue relativo a la noción de pena es el artículo que Durkheim publicó en 1901 bajo el título "Dos leyes de la evolución penal". Mientras "La prohibición del incesto y sus orígenes" (1898) y "Sobre la definición de los fenómenos religiosos" (1899) fueron laboratorios para su gran libro de 1912, el texto de 1901 interviene en la obra pasada, reformulando algunas ideas que estaban en el centro de *La división del trabajo*. El sociólogo escribió: "Cuando, con el imperio, el poder gubernamental tiende a volverse absoluto, la ley penal se agrava. En primer lugar, los crímenes capitales se multiplican [...] porque los crímenes de lesa majestad

---

76   DURKHEIM (1898): 57.
77   DURKHEIM (1990a): 403.

devienen más numerosos".[78] El primado del derecho penal, antes que ser propio al dominio de la religión, corresponde a sociedades simples o complejas donde el gobierno político pretende regir toda la vida social. Sin embargo, tanto aquí como en las *Lecciones de sociología* dictadas en Burdeos en 1898-1900, Durkheim negó toda efectividad a dicha pretensión:

> Es un error creer que los gobiernos que llamamos absolutos son todopoderosos. [...] Son todopoderosos contra los individuos, y a ello hace alusión la calificación de absolutos que se les aplica; en este sentido la afirmación tiene fundamento. Pero, contra el estado social mismo, contra la organización de la sociedad, son relativamente impotentes.[79]

La religión es precisamente, según el nuevo argumento de Durkheim, una de las fuerzas sociales que limitan a todo gobierno[80] y, por lo tanto, que contribuyen a la moderación penal. En el caso de Europa, fue sólo con la consolidación de los poderes reales hacia el siglo XIV que los sacrilegios religiosos comenzaron a ser tratados como crímenes capitales, proceso que llegó a su apogeo con las monarquías absolutas del siglo XVII.[81]

De ese modo, Durkheim no sólo abrió camino a una ulterior teoría de las transgresiones religiosas lejana a lo elaborado en *La división del trabajo*, sino que, en simultáneo, enfatizó la separación entre gobierno político y sociedad que tanto Hobbes como Maistre y Bonald habían intentado soldar con sus teologías políticas absolutistas. El derecho y el Estado no sólo no pueden explicar el nacimiento de la sociedad, sino que tampoco pueden someterla a su mandato. En el mismo sentido, tampoco cabría esperar que el gobierno político se someta a la sociedad como a un soberano por encima de los hombres cuyas leyes naturales o divinas serían el modelo de las leyes positivas. Aun cuando Durkheim concede prioridad a lo social por sobre lo político, el Estado es irreductible a la sociedad y guarda funciones especí-

---

78   DURKHEIM (1901): 74, 76 y 93.
79   DURKHEIM (2003): 151.
80   DURKHEIM (1901): 66.
81   *Ibídem.* 76.

ficas.[82] Sin embargo, la especificidad de lo político-estatal no es ya, como para Hobbes o Locke, guardar a la sociedad de su destrucción. La cuestión, entonces, es qué vínculo establece lo social con aquello que lo amenaza.

---

82 "Cuando el Estado piensa y decide, no hay que decir que es la sociedad la que piensa y decide a través de él, sino que él piensa y decide por ella. No es un simple instrumento de canalizaciones y concentraciones. [...] Toda la vida del Estado propiamente dicha consiste en deliberaciones. [...] El Estado, hablando con rigor, es el órgano del pensamiento social." DURKHEIM (2003): 112-113.

La destrucción de la sociedad

6

LA NORMALIDAD DEL CRIMEN

6.1. Durkheim mantuvo constantes las bases generales de su teoría de la integración social, desde sus trabajos tempranos hasta los finales, mientras sus ideas sobre el funcionamiento de las regulaciones variaron con gran intensidad. Sin embargo, los diferentes modelos teóricos se despliegan sobre un mismo motivo: se trata de pensar el sistema entre la regulación y su cuestionamiento, en el mismo sentido en que opera la idea de la solidaridad entre lo social y lo individual.

Una teoría de la regulación era imprescindible para que la sociología pudiera asumir el lugar de una verdadera *ciencia política*, tal como fue planteado programáticamente en el trabajo que Durkheim dedicó en 1892 al pensamiento de Montesquieu.[1] Sin ese logro, ella ofrecería una crítica a los argumentos sobre la constitución de lo social esgrimidos por la filosofía política –aquellos basados en la fuerza conjunta del derecho y el Estado–, pero no una crítica al modo efectivo en que dichas instituciones políticas funcionan. Luego de explicar la regulación como efecto de la sociedad (y no al revés), la pregunta pendiente era si ello significaba la existencia de regulaciones específicamente sociales o si esta función siempre guarda las formas consignadas por el derecho y el Estado.

En el primer momento de su obra, tanto en *La división del trabajo social* como en *Contribución de Montesquieu*, Durkheim insistió en que es la sociedad la que dicta las leyes positivas[2] y que

---

1   DURKHEIM (1892): 66.
2   DURKHEIM (1991): 81.

la sociología, al concentrarse en ellas, no les concedía ninguna prioridad, sino que valoraba que el carácter sistémico del derecho facilita la visibilidad de los diversos movimientos sociales, permitiendo tratar empíricamente un dominio cuya objetividad no es inmediatamente observable.[3] En tales términos, la moral y la costumbre son consideradas más vastas que el derecho que las simboliza, pero fuera de ese plus de extensión nada indica cuál es la especificidad de la forma social de la regulación. Por otra parte, la existencia de regulaciones más allá del derecho no revestía ninguna novedad y era bien sabida, por ejemplo, por Hobbes y Locke.

La dificultad de Durkheim para trazar una diferencia entre los ámbitos del derecho y de la moral –más allá de sus alcances o grados de sistematización– fue manifiesta en reiteradas ocasiones.

En sus *Lecciones de sociología* de 1898-1900, subtituladas "Física de las costumbres y del derecho", no se establece ninguna diferenciación entre los dominios, a pesar de que en sus páginas reiteradamente se afirma que lo social y lo estatal responden a lógicas distintas.

En 1899, en "Sobre la definición de los fenómenos religiosos", el derecho y la moral formaban un conjunto al que Durkheim intentó diferenciar de la religión: mientras la última dictaría creencias obligatorias, el derecho y la moral prescribirían prácticas.[4] Esa distinción no fue retomada y el propio autor se ocupó de criticarla en la primera y la última de las notas al pie del primer capítulo de *Las formas elementales.*

Luego, en 1906, en otro artículo importante, "Definición del hecho moral", Durkheim ya no habló de derecho y, contra la distinción de 1899, remarcó que "la vida moral no ha podido ni podrá jamás despojarse de todas las características que tiene en común con la vida religiosa".[5] La definición de lo propio de la moral ofrecida en esta oportunidad era también plenamente aplicable

---

3   DURKHEIM (1892): 7-5 y 28.

4   DURKHEIM (1899): 16-23.

5   DURKHEIM (2010b), "Détermination du fait moral" (1906): 69. La afirmación del vínculo entre la moral y la religión también había sido anticipada en el curso de 1902-1903, *L'éducation morale,* DURKHEIM (1925): 9-10, aunque en aquella oportunidad Durkheim enfatizó la necesidad de intentar separar el contenido religioso con vistas a la constitución de un sistema educativo laico.

al derecho. La violación de una regla, explicó Durkheim, produce por lo general consecuencias perjudiciales para el infractor, pero dichas consecuencias son de dos tipos:

1° Unas resultan mecánicamente del acto de violación. Si violo una regla de higiene que me ordena preservarme de contactos sospechosos, lo que se sigue de ese acto se produce automáticamente, a saber: la enfermedad. El acto cometido engendra por sí mismo la consecuencia que tiene por efecto y, analizando el acto, se puede saber por anticipado el efecto que está analíticamente implicado.

2° Pero cuando violo la regla que me ordena no matar, y tengo a bien analizar mi acto, no encontraría jamás la culpa o el castigo; entre el acto y su consecuencia hay una heterogeneidad completa; es imposible deducir *analíticamente* de la noción de muerte o de homicidio, la menor noción de culpa, de mancillamiento. El lazo que reúne el acto y su consecuencia es, aquí, un lazo *sintético*.

Llamo *sanción* a las consecuencias así vinculadas al acto por un lazo sintético. […] No es la naturaleza intrínseca de mi acto la que entraña la sanción.[6]

Esta definición de la moralidad como dominio de lo sancionable tiene importancia de cara a las elaboraciones ulteriores de Durkheim, pero nuevamente no hay diferencia entre lo político y moral, como tampoco, ahora, con lo religioso.

Sin embargo, Durkheim no había renunciado a la distinción, sino que en sus primeros libros pensó unas regulaciones sociales operativas en otro espacio que el de los crímenes sancionados por el derecho penal. A esa área de problemas la llamó *anomia*.

6.2. "Insistimos muchas veces, en el curso de este libro, sobre el estado de anomia jurídica y moral en que se encuentra actualmente la vida económica",[7] escribió Durkheim en 1902 para un segundo prefacio a *La división del trabajo*. Se trata de un orden de problemas distinto a las inquietudes en torno a crímenes y guerras propias de la filosofía política de matriz hobbesiana. La creciente división del trabajo en una sociedad cada vez menos

---

6 *Ibídem* 61.
7 DURKHEIM (1991): II.

homogénea y más diferenciada era para Durkheim un fenómeno normal que, lejos de cuestionar la integración, la fortalecía, pero ello no implicaba que esa tendencia fuese siempre positiva y no pudiese revestir formas anormales.

La división es patológica, por ejemplo, cuando obliga a una sociedad a ordenamientos que no son expresivos de su desarrollo real. Este estado, en términos del propio Durkheim, no es demasiado diferente al sometimiento que pesa en una guerra intestina.[8] Se trata de una crisis en el proceso de diferenciación antes expresiva de un enfrentamiento que de un proceso social o económico. Ahora bien: Durkheim debía dar necesaria cuenta de esta forma anormal del fenómeno estudiado, pero en ella no se encontraba el dominio específicamente sociológico de su interés. Por otra parte, la crisis actual diagnosticada por su libro no era producto de la coacción (lo cual no impedía que ella pudiese devenir coactiva y desencadenar luchas entre clases[9]).

El tipo de división que interesaba a Durkheim como desarreglo social por excelencia fue designada "anómica". Se trata del caso en que la diferenciación creciente, en vez de reforzar la solidaridad, la dispersa. Es "el espectáculo de un agregado de partes desunidas que no cooperan entre sí".[10] Entre los ejemplos ofrecidos por Durkheim está el modo en que juristas, psicólogos, antropólogos, economistas, lingüistas e historiadores proceden como si los órdenes diversos que estudian fuesen mundos independientes, cuando "en realidad, se penetran en todas partes".[11] También daba el caso de un productor que ya no tiene ningún contacto directo con los consumidores de su trabajo final: "El productor ya no puede abarcar el mercado con la mirada, ni siquiera con el pensamiento; no puede representarse los límites, ya que es, por así decirlo, ilimitado. Por consiguiente, la producción carece de freno y de regla; no puede más que tantear al azar".[12]

---

8   *Ibídem.* 367.
9   Este es el tema de la fundamental discusión con los argumentos socialistas revolucionarios de H. Lagardelle en DURKHEIM (2010a), "Internationalisme et lutte des classes": 283-293.
10   DURKHEIM (1991): 360.
11   *Ibídem.* 359.
12   *Ibídem.* 362.

Mientras la división coactiva era un exceso de regulación, aquí se trata de una forma de desregulación que, sin embargo, no se corresponde sólo con la falta de reglas, sino también con un exceso de regulaciones (en sentido estrictamente plural). Más aun, es posible pensar que la anomia es *a la vez* esa falta y ese exceso. Durkheim, en *La división*, no remarcó ni mucho menos desarrolló tal ambivalencia de lo anómico, pero no puede dejar de señalarse la semejanza estructural de este problema con el de la ambivalencia de lo sagrado que poco tiempo después despertaría junto a la lectura de Robertson Smith.

La propuesta desarrollada en el capítulo de *La división del trabajo* que se ocupa de la anomia señala que el justo equilibrio en la regulación corresponde a la función del gobierno, el cual, aunque ya no es pensado como motor de lo social, sí opera como órgano de coordinación general, del mismo modo que un cerebro respecto a la totalidad del cuerpo.[13]

Por todo esto, aunque el libro se proponía el estudio de la división del trabajo como fenómeno específicamente social, al llegar a la instancia de pensar en sus formas desviadas, Durkheim regresaba a las instituciones políticas fundamentales, el derecho y el Estado, y a su agrupamiento bajo la figura del gobierno. La división coactiva parecía remitir a un exceso de gobierno, mientras la anómica indicaba una falta. El orden social quedaba, de ese modo, subordinado al orden gubernamental, precisamente en términos contrarios a los que la sociología buscaba demostrar.

No se trata de que la sociología tuviera que prescindir de las instituciones políticas. Durkheim deploraba la idea, tanto liberal como marxista, según la cual un justo sistema económico sería capaz de organizar la sociedad con prescindencia del ejercicio de un autoridad política.[14] En su simpatía por una versión moderada del socialismo, suscribía a la necesaria coexistencia y relación del Estado y la economía, de modo que el primero encausase a la última, impidiendo así tanto su debilitamiento bajo la lucha de intereses privados como su desarticulación por los movimientos

---

13   *Ibídem.* 349-351.
14   DURKHEIM (2003): 73-74. También DURKHEIM (2002b): 17.

revolucionarios opuestos al libre desarrollo capitalista.[15] Sin embargo, lo que sí es un problema de cara a las exigencias de la sociología es la imposibilidad de encontrar una forma específica de regulación social distinta de la gubernamental, jurídica y estatal. Durkheim logró en *La división* salir del mundo de problemas del derecho penal, pero sus conclusiones lo recondujeron al terreno de la filosofía política de la que había intentado distanciarse.

En sus trabajos posteriores, en las *Lecciones* de 1898-1900, en el curso *La educación moral* de 1902-1903 o en el prefacio de 1902 a *La división*, el sociólogo enfatizó que las mejores soluciones ante un presente en crisis –ya no denominado anómico, pues había abandonado el término– consistían, por una parte, en reforzar las agrupaciones intermedias de la sociedad, aquellas que nuclean a los individuos más allá del Estado (ejemplarmente, las asociaciones profesionales) y, por otra parte, en profundizar el desarrollo de las instituciones y prácticas educativas. Se trata de soluciones para-estatales donde lo social ya no aparece como lo que debe ser regulado sino como una fuerza reguladora. Su curso de 1904-1905, *La evolución pedagógica en Francia*, iba en el mismo sentido, historiando cómo los cambios en la idea y la tarea de la educación, desde la Edad Media hasta el presente, se debían más a un proceso social continuo que a golpes de fuerza dados por los muy diversos poderes políticos reinantes en ese largo período. Estos son los textos en los que Durkheim piensa el aporte de la sociología a la política, y como tales guardan el aspecto propositivo de su obra. Toda política durkheimiana debe responder a estos análisis. Pero esto no implica, de ninguna manera, que el problema durkheimiano de la regulación se agote aquí, porque la para-estatalidad de las profesiones y la educación, aun si señala hacia un dominio más allá de las instituciones políticas, no logra marcar qué es lo que constituye dicha diferencia.

Durkheim continuó esa búsqueda, incluso si ella parecía mostrarle consecuencias morales distintas a las que él mismo deseaba. Ésa es la dimensión en la que la sociología deja de ser un complemento posible de las prácticas más específicamente políticas y se vuelve una voz inquietante cuyos efectos, tal como

---

15   DURKHEIM (2003): 92-93. Sobre el moderado compromiso de Durkheim con el socialismo, véase MAUSS (1975c), "*Le socialisme* d'Émile Durkheim": 508.

La destrucción de la sociedad

han insistido múltiples lectores, podrían o deberían ser escandalosos en primer lugar para el propio Durkheim. Pensar desde la sociología y más allá de sus formulaciones clásicas requiere asumir esa dimensión en la que los lenguajes políticos conocidos comienzan a distorsionarse.

6.3. En 1893, reseñando la publicación reciente de *La división del trabajo*, el abogado y psicólogo social Gabriel Tarde escribió con ironía acerca de la ausencia de conflicto en esas páginas:

> No hay guerras, ni masacres, ni anexiones brutales. Al leerlo parece que el río del progreso hubiera desembocado en un lecho de espuma, sin agitación ni saltos peligrosos, y que la humanidad, siempre tranquila, hubiera pasado dulcemente, a través de los tiempos, de un estado de paz uniforme fundado sobre la yuxtaposición de clanes o de tribus similares e inofensivas, a un estado de paz multiforme y más profundo aun, asegurado por la reciprocidad de servicios entre categorías de trabajadores cada vez más especializados y al mismo tiempo cada vez más solidarios. El pasaje de una suerte de régimen paradisíaco a una suerte de régimen falansterial: he aquí toda la ley del cambio social.[16]

Bajo esa calma se guardaba el contenido que haría que Tarde, poco tiempo después, ya no considerara a Durkheim como ingenuo, sino como cínico.

La impermeabilidad de Durkheim a las escenas de conflicto o violencia se muestra en su máxima dimensión ante un tratamiento extensivo del crimen donde éste nunca aparece como amenaza temible. La definición de partida del estudio indica: "un acto es criminal cuando ofende los estados fuertes y definidos de la conciencia colectiva".[17] Es decir, el crimen no es definido por el daño que genera o por el peligro que despierta, sino que es una ofensa, es decir, su efecto es esencialmente moral. Si bien el ultraje moral del crimen era también considerado por otras teorías, lo importante es que aquí no constituye una derivación secundaria de algún tipo de acto destructivo o privativo, sino que la ofensa

---

16 TARDE (1895b), "Questions sociales": 187.
17 DURKHEIM (1991): 47.

misma es la esencia de la infracción, quedando en segundo plano el acto que la realiza. Que Durkheim haya indicado que existe multitud de actos que son considerados criminales sin que provoquen ningún daño tangencial sobre bien o persona alguna y que, en contrapartida, hay actos que siendo desastrosos para toda una sociedad no están penados de ninguna manera, apunta en esa dirección.[18] El crimen, para Durkheim, puede ser un acontecimiento sin perjuicio, sin violencia física, sin dolor y sin miedo. Esto diferencia su enfoque del de Garofalo, quien, ante la imposibilidad de hacer un catálogo válido de todos los crímenes, propuso "abandonar el análisis de acciones y emprender el de *sentimientos*", entendiendo que el crimen es siempre una acción perjudicial que *al mismo tiempo* daña algunos de los sentimientos que constituyen lo que se ha convenido llamar "el sentido moral de una agregación humana".[19] Garofalo se concentraba en los sentimientos por motivos metodológicos, pero lo que señalaba era la necesidad de un daño que, dada la multiplicidad inclasificable de formas que podía asumir, sólo podía ser definido en términos generales por su efecto moral. En cambio, desde la perspectiva durkheimiana, la realidad del crimen no se apoya necesariamente en una violencia hecha carne. Allí mismo donde un extranjero quizás vea calma, puede estar produciéndose un acto aberrante. No hay signo inequívoco de la transgresión más allá de la ofensa a la conciencia moral de un pueblo, es decir a la sociedad misma.

En un momento en que las teorías criminológicas en auge articulaban discursos sensacionalistas donde cuerpos rudos, perforados, tatuados y alcoholizados se entregaban a formas oscuras y casi animales del frenesí, la demencia y la enfermedad, el ascético lenguaje de Durkheim prescinde de imágenes impactantes o demostraciones escandalosas. No se trata entonces de que el conflicto estuviese ausente en las páginas de *La división*, sino que el mismo no necesitaba ser ilustrado porque, en definitiva, lo que constituye a los crímenes, sean los sancionados bajo el primado de la solidaridad mecánica o los reprobados por la solidaridad orgánica, es, en términos estructurales, un mismo movimiento,

---

18 *Ibídem.* 37-38.
19 GAROFALO (2009): 26.

no importa si se trata de un asesinato feroz o de una maniobra de evasión impositiva.

En esta apatía ante el espectáculo criminal está el primer movimiento de lo que se radicalizará un año después de publicada *La división*, en las páginas de *Las reglas del método sociológico*, donde tras haber distinguido que en el dominio de lo social son normales aquellos fenómenos "que presentan las formas más generales" y son patológicos aquellos que constituyen "una excepción tanto en el tiempo como en el espacio",[20] Durkheim escribió:

> Si hay un hecho cuyo carácter patológico parece indiscutible es el crimen. Todos los criminólogos están de acuerdo sobre ese punto. Si bien cada uno explica ese carácter de un modo diferente, acuerdan en él de modo unánime. El problema, sin embargo, demanda ser tratado con menos ligereza.[21]

Éste es el momento más solitario de toda su obra. Durkheim siempre se ocupó de señalar que sus argumentos se apoyaban en otros estudios, por lo general contemporáneos, que le ofrecían tanto datos como sugerencias teóricas. Pero al llegar al crimen no había dónde ampararse. Ya existía un acuerdo pleno entre "todos los criminólogos" y él llegaba para romperlo. Enunciaba aquí el mayor de sus desafíos, como si el crimen fuese el problema más adecuado para dar cuenta de la singularidad de su empresa sociológica.

En *Las reglas* Durkheim nombró a un único criminólogo, Raffaele Garofalo, pero era clara la referencia a una agrupación específica de estudiosos, aquella que desde 1885 asistía a las ediciones del Congreso Internacional de Antropología Criminal, aquella que publicaba desde 1886 en la revista *Archives de l'anthropologie criminelle* y entre cuyos nombres destacados estaban los de Cesare Lombroso, Enrico Ferri, Alexandre Lacassagne, Henri Joly y Gabriel Tarde, entre muchos otros.[22] Sin embargo, aunque el debate de Durkheim con sus contemporáneos resulta fundamental para analizar su conceptualización del crimen, es posible consi-

---

20   DURKHEIM (1919): 69-70.
21   *Ibídem*. 81.
22   Para un estado general de la criminología francesa de la época, véase RENNEVILLE (1994). También MUCHIELLI (1998): 131-143 y 292-316.

derar que el conjunto al que se oponía el sociólogo tenía una extensión mayor y, como mínimo, alcanzaba a Hobbes y Rousseau.

No hay en *Las reglas del método* mención alguna a las teorías sobre el crimen de estos escritores políticos, pero sí hay una firme oposición al modo en que ambos entendieron a la sociedad como producto de un pacto entre individuos,[23] lo cual permite desarrollar algunas consecuencias de importancia.

A partir de que Durkheim negó que el concurso de los individuos pueda construir o destruir una sociedad, se sigue no sólo que éstos no suscriben a un pacto fundacional,[24] sino que tampoco tienen la capacidad de salirse de lo social tal como sí ocurre, según las filosofías políticas contractualistas, con quienes rompen ese acuerdo. Rousseau había escrito:

> todo malhechor, al atacar el derecho social, deviene a causa de sus delitos rebelde y traidor a la patria; deja de ser miembro de ella al violar las leyes, incluso le hace la guerra. Por lo tanto, la conservación del Estado es incompatible con la suya; es preciso que uno de los dos perezca; y cuando se hace morir al culpable es menos como ciudadano que como enemigo.[25]

A pesar de las marcadas diferencias entre Rousseau y Hobbes, sus teorías del crimen son esencialmente una y comparten con Locke la idea de que un criminal es alguien que está por fuera de la sociedad civil, como un enemigo externo que hace la guerra. Durkheim negó esa posibilidad sosteniendo que aun cuando un individuo se rebela contra la sociedad, actúa conforme a la naturaleza de ésta en igual modo en que lo hace quien obedece a la moral tradicional.[26]

La disidencia de Durkheim tanto con las teorías sobre el crimen de las que era contemporáneo como con las enunciadas por la filosofía política de los siglos XVII-XVIII fue expresada en los siguientes términos:

> El crimen es necesario; está ligado a las condiciones fundamentales de toda vida social y, por eso mismo, es útil, ya que esas condiciones

---

23   DURKHEIM (1991): 148-152.
24   DURKHEIM (2003): 237-244.
25   ROUSSEAU (1995), Libro II, Cap. 5: 67.
26   DURKHEIM (2010b): 95.

de las que es solidario son ellas mismas indispensables para la evolución normal de la moral y del derecho. [...] [P]ara que esas transformaciones sean posibles es necesario que los sentimientos colectivos que están en la base de la moral no sean refractarios al cambio y que sólo tengan, por consiguiente, una energía moderada. [...] Ahora bien: si no hubiera crímenes, esta condición no se cumpliría, ya que una hipótesis semejante supone que los sentimientos colectivos habrían alcanzado un grado de intensidad sin comparación en la historia. Nada es bueno indefinidamente y sin medida. Es necesario que la autoridad de la que goza la conciencia moral no sea excesiva; de otro modo, nadie se atrevería a levantar la mano contra ella y se fijaría demasiado fácilmente bajo una forma inmutable. Para que pueda evolucionar, es necesario que pueda aparecer la originalidad individual; y para que pueda manifestarse la del idealista que sueña con superar su siglo, es necesario que también sea posible la del criminal, que está por debajo de su tiempo. No hay una sin otra. Eso no es todo. Además de esta utilidad indirecta, sucede que el crimen mismo desempeña un papel útil en esta evolución. No sólo implica que está abierta la vía para los cambios necesarios, sino que incluso, en ciertos casos, los prepara directamente. [...] Desde este punto de vista, los hechos fundamentales de la criminología se nos presentan bajo un aspecto completamente nuevo. Contra las ideas corrientes, el criminal no aparece más como un ser radicalmente insociable, como una suerte de elemento parasitario, de cuerpo extranjero e inasimilable introducido en el seno de la sociedad, sino como un agente regular de la vida social. El crimen, por su parte, ya no debe ser concebido como un mal que no sabría ser contenido en límites demasiado estrechos; antes bien, lejos de ser motivo de felicitaciones cuando desciende demasiado sensiblemente por debajo de su nivel ordinario, se puede tener certeza de que ese progreso aparente es a la vez solidario de alguna perturbación social.[27]

El impacto de estas ideas puede dimensionarse a partir de la durísima respuesta que suscitaron en Gabriel Tarde, quien era sin discusión el criminólogo y teórico de la sociedad más importante de Francia a fines del siglo XIX. En su reseña de 1893 a *La división del trabajo*, además de ironizar sobre la ausencia de conflicto, Tarde había criticado que la obra no era clara sobre el

---

27   DURKHEIM (1919): 88-90.

estatuto de la relación jerárquica entre lo común y lo individual.[28] Según sus términos, Durkheim comenzaba su libro dando cuenta de un estado de asociación por semejanza pero no lo explicaba, lo asumía como dado, por lo que faltaba dar cuenta de cómo los individuos, en tanto cada existencia es ante todo una diferencia, llegaron a comulgar mediante la imitación. Por otra parte, señaló, Durkheim hacía que la diferenciación social fuese un efecto posterior a la comunión, a la que tendía a desplazar, mientras para él la semejanza lograda por la imitación nunca deja de ser el fundamento esencial de la sociedad, a la vez que "la asimilación de los individuos por contagio imitativo y su diferenciación por cooperación laboriosa [...] progresan paralelamente, y no una tras la otra".[29] Fuera de estas objeciones teóricas (que por lo demás son similares a las críticas más actuales realizadas contra Durkheim), Tarde se mostraba interesado por el fenómeno de la división del trabajo y, aunque desde otra perspectiva, coincidía en que los procesos de diferenciación no implican necesariamente desagregación social.

Ante las correcciones sugeridas, Durkheim, en una breve y lapidaria nota al pie del primer capítulo de *Las reglas del método*, se encargó de negar cualquier posibilidad de integrar su trabajo con la teoría de la imitación de Tarde basada en la prioridad de lo individual por sobre lo social.[30] Pero a pesar de ese ataque directo contra sus ideas, Tarde no dirigió su lectura de *Las reglas* a defender la teoría de la imitación, sino a repudiar la teoría durkehimiana del crimen.

Los criminólogos con los que se disentía en *Las reglas*, además de estudiosos, eran cruzados contra la delincuencia. Cesare Lombroso se refería a las bandas de criminales como "enemigos jurados del orden y la sociedad".[31] Garofalo proclamaba que "el Estado no debe cesar de luchar contra el crimen, no puede confiar todo al progreso de la civilización, que es lento y a veces intermitente", y lo instaba a "emplear todas las armas perfeccionadas que convienen a la época" contra ese "enemigo misterio-

---

28 TARDE (1895b), "Questions sociales": 195.

29 *Ibídem*: 193-195.

30 DURKHEIM (1919): 16-17.

31 LOMBROSO (2001): 370.

so, desconocido en la historia: el criminal".[32] Tarde acordaba: el criminal "es un monstruo"[33] y "la sociedad debe defenderse contra toda agresión".[34] O en términos aun más duros: "El criminal es el hombre al que la sociedad, cuando ella es viable y regular, está forzada a eliminar. El criminal, a decir verdad, no es tanto un producto social como uno natural; él es –que no se nos niegue la palabra– un excremento social".[35] Y la lucha no era sólo contra los criminales, sino contra toda una época de desarreglo moral, tolerante con el crimen e indiferente con su crecimiento, al que de hecho favorecía, lo que llevaba a que el tono de Tarde fuese enérgico y alarmado: "puede decirse que una sociedad en la que, bajo pretexto de la libertad de pensamiento, es permitido, o al menos no es deshonroso, profesar el asesinato y el robo, [...] está condenada inevitablemente, si ella no se recompone, a una pronta disolución".[36] Con otro lenguaje teórico, Tarde hablaba del crimen en los términos de la tradición de Bodin, Hobbes y Locke.[37]

---

32   GAROFALO (2009): 17 y 20.

33   TARDE (1886): 16.

34   TARDE (1895b): 153.

35   TARDE (1891): 222.

36   TARDE (1895b), "Les crimes de haine": 126.

37   NOTA SOBRE LA CRIMINOLOGÍA DE G. TARDE. Que Tarde considerara que en el corazón de las cosas hay heterogeneidad antes que homogeneidad (1884: 497; también 1895, "Monadologie et sociologie": 362) no implicaba de ningún modo que el crimen pudiera ser considerado una diferencia al interior de lo social. El énfasis en la heterogeneidad, antes que tolerancia con el desorden, significaba la negación de la existencia de un orden anterior a las partes que lo integran (1898a: 26), de manera que cada armonía es efecto de una serie de diferencias y no causa de ellas (1895b, "La variation universelle": 391-422). De todos modos, aun bajo la permanente alteración introducida por un sinfín de variaciones, la naturaleza entera no estaría carente de leyes reguladoras, contando con las de la herencia en el dominio de la biología, las de la ondulación en el dominio de la física y las de la imitación en el dominio de lo social (1898a: 21; también 1884: 496). Según Tarde, un grupo social es "una colección de seres en tanto que están en tren de imitarse entre ellos o en tanto que, sin imitarse actualmente, se parecen, de modo que sus rasgos comunes son copias antiguas de un mismo modelo" (1884: 494). La semejanza es así el principio que rige todas las bondades: "Las mujeres bellas, por ejemplo, son menos desemejantes entre ellas que las mujeres feas o mediocres" (1886: 19). Pero que lo social sea imitación no supone que la diferencia y lo individual reciban una valoración negativa; por el contrario, "todo tiene origen individual" (1898a: 344); "todo lo que es genial es individual" (1895b, "Foules et sectes au point de vue criminel": 4-5.); "para innovar, para descubrir, para despertar un instante de su sueño familiar o nacional, el individuo debe escapar momentáneamente a su sociedad" (1884: 509). Ahora bien: el modo en que el individuo creador se eleva por sobre la sociedad, en la medida en que para Tarde siempre las partes son más complejas que el todo que componen –incluso frente al compuesto social más perfecto (1895b, "Les crimes des foules": 66-67)– no es comparable al modo

Durkheim fue considerado por Tarde un representante de esa temida indulgencia de los jueces, los jurados y la opinión pública en general ante los efectos del crimen.[38] El argumento de la crítica a *Las reglas* formulada en "Criminalidad y salud social" apelaba centralmente a la sensibilidad: Durkheim, por mantenerse fiel a su sistema, había desembocado en una aceptación de la normalidad del crimen que era absolutamente inaceptable desde todo punto de vista. Ejemplificaba Tarde: "impóngase silencio al corazón y la esclavitud será justificada".[39] Tarde entendía, en efecto, que la normalidad del crimen era una consecuencia necesaria

en que los criminales, constituyendo una asociación, se oponen al conjunto de lo social. Aquí Tarde introducía una distinción sutil entre lo social como *combinación* y lo social como *producto* (*ibídem*: 64). La combinación es una asociación civilizada en la que los individuos, aun imitándose y tendiendo a la semejanza, no renuncian a sus condiciones individuales y siguen conservando un grado de diferencia; así Tarde pensaba la armonía. En cambio, lo social es un producto cuando la asociación se confunde con una voluntad única a la que los individuos renuncian sus diferencias, tal como ocurre en las multitudes [*foules*], en las sectas y en las corporaciones criminales. Tarde, oponiéndose a las visiones exclusivamente antropológicas o psicológicas del crimen, consideraba que el principio de la criminalidad residía, menos que en una serie de atributos individuales, en estas formas de asociación que siendo más o menos complejas eran intolerantes con la diferencia (1895b, "Foules et sectes au point de vue criminel": 2). En este esquema es también importante la diferenciación hecha por Tarde entre lo *insocial*, lo *suprasocial* y lo *antisocial* (1886: 26). Son insociales los locos, los alienados, quienes están por fuera de toda sociedad. Son suprasociales los hombres de genio, quienes se elevan sobre las convenciones establecidas. En cambio, los criminales son antisociales, lo que implica que, "siendo sociables en cierto grado", se oponen a las asociaciones establecidas y las combaten. Por tal motivo, Tarde, al pensar en una asociación criminal por excelencia, habló de los anarquistas y su "lucha contra la Sociedad superior" (1895b, "Foules et sectes au point de vue criminel": 37). En esa lucha contra el principio ordenador por excelencia, "los anarquistas se emparentan a los regicidas de este siglo [el XIX] o de los siglos anteriores" (*ibídem*: 50), siendo la diferencia que, tras el sufragio universal, habiéndose trasladado la soberanía antes concentrada en una sola cabeza a una multiplicidad de "pequeños soberanos", el regicidio ya no tiene lugar, dando lugar al "plebicidio", al ataque con bombas al conjunto indiscriminado de la sociedad (*ibídem*: 51). De ese modo Tarde traducía las características del crimen de lesa majestad a una sociedad democrática, manteniendo en lo esencial el mismo modelo punitivo pensado por Hobbes. Tarde, al diferenciar la asociación civilizada de la asociación criminal configurada por el anarquismo, planteó otro punto de importancia: mientras los anarquistas condenaban al conjunto de la sociedad, como si se ella fuese una persona (proyectando así su propio modo de asociarse), "nosotros —escribía desde el bando civilizado— castigamos a los anarquistas en detalle, individualmente, dejando libres a aquellos que, a pesar de adherir a la secta, aún no han cometido atentado alguno ni han hecho apología pública de los atentados" (1895b, "Les crimes de haine", *Essais et mélanges*: 118). Respecto a la posibilidad de atribuirle agencia a lo social en tanto entidad en sí se jugó luego la discusión que Tarde sostuvo a lo largo de varios años con Durkheim.

38   TARDE (1895a): 149.

39   *Ibídem*: 161.

y perturbadora del modo en que Durkheim pensaba la sociedad como algo dado y no como producto de las relaciones entre individuos: en tanto asumida como un dato a priori, ella estaba más allá de toda relación. Esa consecuencia, pensaba Tarde, debería haberle bastado a Durkheim para aceptar los errores de su sistema, pero sorprendentemente el sociólogo reafirmaba sus premisas de la mano de esa inédita actitud ante el delito.

Tarde deploraba no sólo que Durkheim considerara que el crimen es normal como una regularidad inevitable, sino que además le atribuyera utilidad. Dos de las vías por las que el crimen es funcional a la sociedad fueron indicadas en *Las reglas*. Por una parte –vía indirecta–, las condiciones de emergencia que posibilitan el crimen son las mismas que dan lugar a las innovaciones morales, de modo que una eventual desaparición del crimen necesariamente traería de la mano la parálisis del desarrollo social. Por otra parte –vía directa–, las propias innovaciones sociales frecuentemente han sido consideradas criminales, tal como ocurrió con las enseñanzas de Sócrates y las doctrinas de los filósofos heréticos:[40] "En todos los tiempos, los grandes reformadores de la moral condenaron la moral reinante y han sido condenados por ella".[41] Una tercera vía, de importancia no menor, concierne a la implementación de la pena.

"La pena consiste, esencialmente, en una reacción pasional de intensidad graduada que la sociedad ejerce por intermedio de un cuerpo constituido contra aquellos de sus miembros que han violado ciertas reglas de conducta".[42] La dimensión penal es ineludible porque no hay crimen sin ella ("lo que caracteriza al crimen es que determina la pena"[43]), lo cual implica que la tesis de la normalidad del crimen nunca equivale, ni siquiera remotamente, a un festejo del mismo: es necesario no únicamente como transgresión, sino en la medida en que conlleva una pena.

La pena –escribió Durkheim– no sirve, o sólo sirve muy secundariamente, para corregir al culpable o para intimidar a sus posibles

---

40 DURKHEIM (1919): 88-89.
41 DURKHEIM (1975b), "Crime et santé sociale": 178.
42 DURKHEIM (1991): 64.
43 *Ibídem.* 52.

imitadores; desde ese doble punto de vista su eficacia es a justo título dudosa, y, en todo caso, mediocre. Su verdadera función es mantener intacta la cohesión social conservando intacta toda la vitalidad de la conciencia común.[44]

El castigo, entonces, no se explica ni por su capacidad de restablecer el daño físico ocasionado ni para evitar la repetición de un acto nocivo, sino para fortalecer la conciencia colectiva. Ese fortalecimiento no es tampoco un modo de restablecer aquello que en la conciencia colectiva había sido dañado por lo que la ofendió, caso en el que crimen y pena se equilibrarían en un juego de suma cero. Mediante la pena la sociedad intensifica la conciencia colectiva en un nivel mayor al que tenía antes de que se cometa el crimen, por lo que crimen y pena son solidarios en ese proceso. El crimen, entonces, es útil porque hace que los individuos, ante la ofensa de los sentimientos que los unen, tomen mayor conciencia sobre aquello que en momentos de normalidad puede funcionar como presupuesto al punto de ser olvidado: "el crimen acerca a las conciencias honestas y las concentra".[45]

Bajo estos nuevos conceptos el crimen ya no es el movimiento por el que la sociedad se abisma a su negación, sino el límite de las posibilidades de una forma. Como en la filosofía política clásica, el crimen sigue funcionando como límite, pero ha cambiado su naturaleza: su efecto es que o bien comparte las condiciones que permiten la innovación social, o bien él mismo innova, o bien es penado y permite el refuerzo de la conciencia común. Es decir, en ningún momento es causa de ruina, no es la antesala de la guerra y no marca la frontera en la que la sociedad se descompone en individuos sin vínculo. El límite es reconfiguración, nunca disolución. Que haya crimen no significa que la sociedad esté en peligro y deba ser custodiada por un soberano. La transgresión es antes bien el momento de choque inevitable en que una sociedad se expande y se modifica. No hay un afuera de las fuerzas sociales, no hay antes ni después y tampoco hay grietas oscuras donde se pierdan sus energías. Sí hay y puede haber

---

44   *Ibídem*. 76.
45   *Ibídem*. 70.

desintegración de formas sociales específicas, pero sus fuerzas sobreviven bajo nuevos modos.

En la forma propiamente social de la regulación, los crímenes son fuerzas reguladoras a mismo título que las normas. Como ya lo había hecho con una teoría de la integración crítica del contractualismo, la sociología vuelve a chocar, de manera aun más frontal, con la filosofía política, desde Hobbes a Tarde. La filosofía política moderna, ya con Maquiavelo, había señalado efectivamente la existencia de un límite problemático donde el crimen y la dinámica política del cambio se confunden. Ante esa indistinción se estableció la tarea de restringir la fuerza transformadora del crimen a un más allá de la ley que sin embargo estuviese contemplado por el derecho. Se trata del problema clásico de las facultades excepcionales del soberano. Sin embargo, es necesario remarcar que lo que está en juego en la teoría moderna de la soberanía es menos una estrategia de confiscación de las fuerzas transformadoras que el resguardo ante la fuerza destructiva que está cifrada en el crimen. La transformación tiene un aspecto transgresivo, pero el acto de transgredir sólo es transformador cuando es habilitado por la propia fuerza de la ley, caso contrario es fuerza desencadenada ante la que toda forma política debe temblar con temor y justicia.

Durkheim, por su parte, afirmó el efecto regulador del crimen a partir de un presupuesto no enunciado pero ineludible: el crimen, que sí puede destruir un cuerpo político, es incapaz de destruir una sociedad. No se trata únicamente de que la sociedad vive más allá de los términos jurídicos ante los que se construye la figura del crimen, sino que esto vale para toda forma de transgresión, sea penal, moral o religiosa.

7 ■
LA DISOLUCIÓN DE
LA ANOMIA

7.1. Según Philippe Besnard, quien ha sido uno de los más rigurosos e influyentes historiógrafos del pensamiento durkheimiano, el término *anomia* fue acuñado por Jean-Marie Guyau en su libro de 1887, *La irreligión del porvenir.*[1] Guyau escribió:

> La ausencia de religión [...] es una con una metafísica razonada, aunque hipotética, sobre el origen y el destino. Incluso se la podría designar bajo el nombre de independencia o *anomia* religiosa, de individualismo religioso.[2]

Se trata de un ideal moral que no se apoya en reglas apodícticas, fijas o universales.[3] El libro de Guyau consiste, primero, en un estudio crítico de algunas de las principales teorías sobre los orígenes de lo religioso (lee a Hartman, Spencer, Müller, Feurbach y Taylor, entre otros), luego tiene lugar un análisis sociológico sobre la disolución de la fe dogmática y la decreciente importancia de las religiones en las sociedades actuales y, finalmente, desarrolla una especulación acerca de los horizontes de una metafísica y una cosmología libradas de las restricciones de los dogmas religiosos. La ambición del pensamiento especulativo de Guyau permite situarlo, junto con Philipp Mainländer, Friedrich Nietzsche y Gabriel Tarde, entre los pocos pensadores de la segunda mitad del siglo XIX en enfrentar a la filosofía con la tarea de producir una nueva visión cosmológica. Guyau aceptaba que aún no se conocían mundos que no hubiesen naufra-

---

1   BESNARD (1998): 41.
2   GUYAU (1904): XV.
3   *Ibídem.* 323.

gado, imaginaba cómo podía ser el momento final de toda la vida terrestre y se preguntaba si acaso la humanidad no será capaz de negar la necesidad de la disolución de toda existencia.[4] Tal vez un refinamiento del análisis espectral permita distinguir ya no sólo las vibraciones de la luz sino también las del pensamiento, tal vez "podríamos concebir ya no sociedades de conciencias encerradas en una pequeña esquina del espacio, en un organismo estrecho que es una prisión, sino pensar la victoria de una conciencia social sobre el espacio; victoria por la cual el ideal de sociabilidad universal, que es lo que en el fondo hace al instinto religioso, finalmente devendría una realidad de hecho [...], soñando sin absurdo con la realización, en el infinito de los tiempo, de una conciencia intercósmica".[5] Con optimismo, Guyau pensaba que la ciencia del sistema nervioso y cerebral no hacía más que comenzar.[6]

Durkheim reseñó el libro de Guyau el mismo año de su publicación. En 1887 el joven sociólogo también publicó "La ciencia positiva de la moral en Alemania", "La filosofía en las universidades alemanas" y dictó la lección inaugural de su "Curso de ciencia social" en Burdeos (publicada al comienzo de 1888). En cada uno de estos textos Durkheim anticipó ideas y líneas de trabajo que lo acompañaron durante toda su vida, y la reseña sobre Guyau no es excepción. De entre las muchas cuestiones abordadas allí que quedaron resonando en la obra durkheimiana, llama la atención la adaptación del término *anomia* en un sentido prácticamente contrario a su uso original. Lo que en *La irreligión del porvenir* era el nombre para un nuevo ideal moral, en *La división del trabajo* designa una forma desregulada de los procesos sociales de diferenciación. Sin embargo, Durkheim mantuvo en buena medida las connotaciones originales del término, sólo que cambió el sentido de consecuencias.

Según Guyau las religiones nacen como supersticiones organizadas, ciencias nacientes que abordan la naturaleza con categorías de la vida social, una suerte de físicas erróneas:[7] "la religión

---

4 *Ibídem.* 440-444.

5 *Ibídem.* 448-449.

6 *Ibídem.* 470.

7 *Ibídem.* 51-53.

es una *sociología* concebida como explicación *física, metafísica* y *moral* de todas las cosas; ella es la reducción de todas las fuerzas naturales e incluso supra-naturales al tipo *humano* y a sus relaciones con las relaciones *sociales*".[8] La religión, por lo tanto, restringe el libre desarrollo de la ciencia y la metafísica, sujetándolas con determinaciones sociales incapaces de hablar plenamente la extensión de lo que abordan. La anomia es el estado en que los individuos no se aferran a lo conocido, a los dogmas ni a la fe, sino donde abrazarían la duda ya no entendida como carencia sino como virtud en el contexto de una moral sin obligaciones ni sanciones. Fue esa misma incerteza ante lo ilimitado la que fue entendida por Durkheim como una forma patológica de la división del trabajo, en tanto no consideraba que pudiese haber orden social de ningún tipo sin regulaciones certeras.

Durkheim coincidía con Guyau, tanto en 1887 como en 1912 (a pesar de que en el medio intentó ejercicios de diferenciación estricta), en que hay zonas en las que la religión y la ciencia son indiscernibles,[9] pero siempre fue contrario a entender que la religión fuese una suerte de ciencia rudimentaria y errónea propia de un primer esfuerzo por entender las leyes de las cosas.[10] Por dicho motivo, no creía que el progreso científico fuese en detrimento de la religión. Si el contenido de las religiones hubiera consistido sólo en malas inducciones mentales, ellas jamás hubieran llegado a constituirse como obligación social.[11] Las formas religiosas pueden cambiar, pero no desparecer, y la anomia, existente como regulación desequilibrada, no es un ideal moral realizable.

Sin embargo, eso no es todo lo que está en juego bajo el concepto de anomia. El término, mucho antes de ser usado por Guyau, tiene una larga tradición. La palabra griega *nomos* (νομοσ), que designa el acto de dar, distribuir o retribuir,[12] también significa "ley",[13] por lo cual la *anomia* (ἀνομία) recubre el orden de

---

8   *Ibídem.* 84.
9   DURKHEIM (1990a): 342.
10   *Ibídem.* 260.
11   DURKHEIM (1975b), "De l'irréligion de l'avenir": 161.
12   BENVENISTE (1969): 84-85.
13   Sobre la especificidad del término *nomos* y su diferencia con otros términos griegos también usados para decir la ley (sobre todo con *psephismata* [ψηφισματα], "resoluciones"), véase SCHMITT (2005):

lo sin-ley. La palabra aparece bajo ese uso, por ejemplo, en *La república* de Platón (496e y 575a), también en *El político* (291e) y otros diálogos atribuidos al autor, *Alcibíades 2* (146b) y *Minos* (314d). A este tipo de uso se refirió Agamben cuando, en *Estado de excepción* (2002), enfatizó que el concepto de anomia tiene un componente jurídico esencial que la sociología habría pasado por alto.[14] Con toda seguridad Durkheim estaba al corriente del significado original del término, pero nunca lo situó en ese contexto legal, motivo que no lo excluye del orden de problemas señalado por Agamben.

Otro aspecto a considerar, a partir de sugestivos aportes de Stjepan Městrović, es que Durkheim nunca utilizó el concepto de anomia bajo la acepción "sin-ley", sino como *dérèglement*, es decir, desarreglo, desajuste o desregulación.[15] Městrović también señaló la importancia de tener en cuenta que *anomia* también ha recibido un uso extensivo como designación para el pecado.[16] Por ejemplo, en la Biblia de los Setenta *anomia* vale como traducción de veinticuatro palabras hebreas, en la mayoría de las ocasiones sutituyendo a *'âwôn* (עָוֹן = inequidad, culpa o castigo por una inequidad), *peša* (פֶּשַׁע = rebelarse, transgredir) y *rāšā* (רָשָׁע = maligno, criminal).[17] El término también es frecuente en los textos griegos sobre los que se construyó el Nuevo Testamento, siendo usado como "maldad" o "inequidad". Allí, en un comentadísimo pasaje de Pablo concerniente a lo que demora la segunda venida del Mesías, se lee: "Pues en efecto, el misterio de la anomia [ἀνομίας] ya está en acto, sólo hasta que el que lo retiene [ὁ κατέχων] sea quitado de en medio. Entonces será puesto al descubierto el Transgresor [ἄνομος], a quien el Señor destruirá con el soplo de su boca y hará inoperante con la aparición de su presencia" (*2 Tesalonicenses* 2:7-8).[18] La destrucción de la anomia (interpreta-

---

48-62.

14   AGAMBEN (2004): 125-126.

15   MĚSTROVIĆ y BROWN (1985). La referencia fundamental consta en DURKHEIM (1990b): 281.

16   MĚSTROVIĆ (1985).

17   LYONNET y SABOURIN (1998): 24-25.

18   Sigo aquí la traducción del pasaje ofrecida en LUDUEÑA ROMANDINI (2010): 230. Únicamente, allí donde Ludueña Romandini traduce ἄνομος como "sin-ley", me valgo del término "transgresor". En la *Biblia de Jerusalén* (2009) se usa "impío".

da desde Ireneo de Lyon como dominio del Anticristo[19]), que ya está operativa aunque retenida, es nada menos que la tarea última de Jesús Mesías.

Agamben, en una influyente lectura, propuso que toda teoría del Estado que ve en éste un poder destinado a impedir o retrasar la catástrofe anómica, puede ser considerada una secularización de ese pasaje paulino, "incluida la de Hobbes".[20] Carl Schmitt, por ejemplo, identificó dicha fuerza de retención, el *katéchon*, con el Imperio romano: "la fuerza histórica que es capaz de *detener* la aparición del Anticristo y el fin del eón presente".[21]

Tal como lo ha señalado Fabián Ludueña Romandini en un estudio reciente, en torno a la interpretación de las palabras de Pablo se juega la pregunta por el lugar del poder político terrenal en la historia de la salvación y, sobre todo, la inquietud, largamente expresada por la teología cristiana, por si acaso la destrucción del Imperio y de los poderes políticos en general, con el consiguiente reinado de la anarquía, no es acaso condición esencial para la instauración del reino divino prometido por Jesús Cristo. "En cierta medida –escribió Ludueña Romandini–, el Anticristo representa la forma de incluir la anomia en la praxis del gobierno divino del mundo".[22]

Por último, a fin de plantear en toda su extensión el alcance de las cuestiones articuladas bajo el concepto de anomia, es importante tener en cuenta que Agamben, refiriéndose al citado pasaje de la carta a los Tesalonicenses, escribió: "No se debe traducir aquí *anomia* [...] con un genérico 'iniquidad' o, peor aun, por 'pecado'. *Anomia* no puede significar otra cosa que 'ausencia de ley' y ánomos es el que está fuera de la ley (recuerden que Pablo mismo se presenta como *ho* ánomos ante los gentiles [*1 Corintios* 9,21]".[23] Es decir que, según Agamben, el desvelamiento de la anomia por la caída de la retención operada por el *katéchon* haría manifiesta el carácter ilegítimo de todos los poderes terrenales efectivos durante la espera del Mesías. Sin embargo, es importante tener

---

19   Sigo aquí las indicaciones ofrecidas en LUDUEÑA ROMANDINI (2010): 234-245.
20   AGAMBEN (2006): 110.
21   SCHMITT (2005): 40.
22   LUDUEÑA ROMANDINI (2010): 237.
23   AGAMBEN (2006): 110.

en cuenta que del mismo modo en que Pablo dijo a los Tesalonicenses que el ánomos es el enemigo final a ser terminado por el Mesías, en la primera carta a los Corintios también dijo: "Entonces llegará el fin, cuando [Cristo] entregue a Dios Padre el Reino, después de haber destruido todo principado, dominación y potestad. Cristo debe reinar hasta que Dios ponga a todos sus enemigos bajo sus pies; y el último enemigo en ser destruido será la Muerte" (*1 Corintios* 15:24-26). Que la anomia sea a la vez pecado y mortalidad es conforme a la idea, común en Bodin, Hobbes y Locke, según la cual el principio fundamental de la organización política es resguardar a los hombres de la condición desgraciada adquirida tras pecar y ser expulsados de la gracia de Dios y la vida eterna paradisíaca. Al respecto, y siguiendo nuevamente los trabajos de Ludueña Romandini, es también muy significativo que Jesús, para garantizar la salvación de una humanidad condenada, debió asumir él mismo no sólo la condición de maldito (*herem*), sino también de mortal.[24] Es posible entonces que, a los usos consignados, también haya que sumar el entendimiento de la anomia como punto de interrelación entre fuerzas destructivas y fuerzas salvadoras.

¿Estaba Durkheim al tanto de todas estas implicancias del concepto? Městrović sugirió que el sociólogo, con formación religiosa en el contexto de una familia de rabinos, probablemente conocía la acepción del término como pecado desde antes de cruzarse con la obra de Guyau. Aún cuando la hipótesis no tenga suficiente respaldo historiográfico, lo que sí es altamente significativo (y no fue señalado por Městrović) es que el completo abandono del uso de la palabra en la obra del sociólogo coincide con el momento en que ésta se ocupa del terreno religioso.

7.2. Tras el silencio sobre el término en *Las reglas del método sociológico*, Durkheim volvió a ocuparse de la anomia en *El suicidio* (1897). Si en *La división del trabajo* llamaba la atención el ascetismo y la apatía de su trato con el crimen, ahora es igual-

---

24 LUDUEÑA ROMANDINI (2010): 106-138.

mente significativo el peso dramático de las páginas dedicadas a los efectos anómicos:

> Por sí misma, abstraída de todo poder exterior que la regule, nuestra sensibilidad es un abismo sin fondo que nada puede colmar. Entonces, si nada la contiene desde afuera, ella no puede ser para sí más que una fuente de tormentos. Porque los deseos ilimitados son insaciables por definición y no sin razones la insaciabilidad es contemplada como un signo mórbido. En tanto nada los acota, ellos sobrepasan siempre e infinitamente los medios de los que disponen; nada sabría calmarlos. Una sed inextinguible es un suplicio perpetuamente renovado. [...] Perseguir un fin inaccesible es condenarse a un perpetuo estado de descontento. [...] En tales condiciones, uno no está ligado a la vida más que por un hilo bien tenue que, a cada instante, puede romperse.[25]

La anomia es el colapso de la regulación social del deseo por el que los hombres sin límites pero también sin satisfacciones, vuelcan su exasperación contra sí mismos, con el suicidio, o contra los otros, con el homicidio.[26] La descripción de este estado de desgarramiento tiene claras semejanzas con las imágenes de la condición desgraciada del hombre caído en el pecado, tan ambicioso como débil y necesitado, por lo tanto, de tutela y reparación. Durkheim reconoció en efecto que su concepción dualista de la naturaleza humana tenía similitudes con el contenido de las doctrinas de la caída.[27] Sin embargo, en este caso no se trata, como en la teoría del contrato, de que lo social sea efecto de la necesidad de organizar la competencia anárquica entre individuos desaforados. El desequilibrio del deseo, menos que originario, es aquí resultado de un creciente desarrollo social y, sobre todo, económico (motivo por el cual la pobreza es terreno menos propicio para trastornos anómicos). Durkheim describía de ese modo una situación en la que la religión había perdido fuerza y en la que el poder gubernamental, en vez de ser el regulador de la economía, se había vuelto su instrumento y servidor.[28]

---

25 DURKHEIM (1990b): 273-275.
26 *Ibídem*: 408.
27 DURKHEIM (1975b), "Le problème religieux et la dualité de la nature humaine": 43; DURKHEIM (1990a): 636.
28 DURKHEIM (1990b): 282-283.

El tono dramático de Durkheim al explicar los efectos de la anomia responde, por lo tanto, a la urgencia de un problema que requiere ser solucionado. *El suicidio* culmina con la proclama de la necesidad de revivificar las fuerzas colectivas capaces de reglamentar la vida social, especialmente mediante las asociaciones profesionales y la educación. Sus cursos de 1898-1900, *Lecciones de sociología*, y de 1902-1903, *La educación moral*, son derivados directos de esa preocupación.[29] Sin embargo, en las *Lecciones* hay una única mención a la anomia, referida a "un estado anómico que es necesario suprimir".[30] En *La educación moral*, ella ya no aparece. Esa desaparición ha sido contemplada como uno de los grandes misterios de la obra de Durkheim.

Sostenida en materiales historiográficos, la hipótesis de Besnard es que el interés de Durkheim por la anomia coincide con un período de crisis personal e intelectual y que, una vez superada esa situación, el término habría perdido el peso que cargaba en *El suicidio*.[31] A esta apreciación biográfica Besnard sumó una crítica rigurosa y contundente sobre las estrategias argumentales desarrolladas en el libro de 1897. Por una parte, Durkheim, al explicar las diferencias entre los suicidios de hombres y los de mujeres, en lugar de atender consistentemente a los datos que tenía disponibles, recayó en una distinción con fundamentos orgánicos antes que sociológicos, desviándose de su propia metodología y llegando a conclusiones parciales y erróneas como, por ejemplo, que la desesperante tendencia al infinito propia de los estados anómicos sería un mal exclusivo de los hombres del que las mujeres estarían libradas junto a niños, ancianos y animales.[32] Por otra parte, Durkheim, que sí había planteado que el suicidio egoísta y el suicidio altruista actuaban en los dos polos de la integración social (falta y exceso, respectivamente), no pudo elaborar la misma distinción respecto a la regulación social, enfocándose únicamente en la falta de regulación entendida como anomia y no dedicando al otro polo, el fatalismo, más que una escueta nota al pie, lo cual –según Besnard– llevó no a la eliminación del

---

29   MARKS (1974).
30   DURKHEIM (2003): 170.
31   BESNARD (1982).
32   BESNARD (1973).

problema del exceso de regulación, sino a la confusión de ambos polos en el mismo dominio de la anomia.[33] Estas insuficiencias son para Besnard síntoma de la incapacidad de Durkheim para ofrecer una teoría de la regulación a la altura de su teoría de la integración y estarían en la base tanto de su abandono del término como de su falta de influencia sobre posteriores estudios sociológicos sobre el suicidio a cargo de otros investigadores.[34]

Sin embargo, el abandono de la palabra no implica que su contenido conceptual haya desaparecido de la obra de Durkheim. En uno de sus últimos textos, "El dualismo de la naturaleza humana y sus condiciones sociales", publicado en 1914, el sociólogo indicó que el hombre siempre había tenido un vivo sentimiento de su dualidad:

> En todas partes, en efecto, es concebido como formado por dos seres radicalmente heterogéneos: de un lado el cuerpo, del otro el alma. [...] Estos dos seres no sólo son sustancialmente diferentes, sino que son, en una misma medida, independientes uno del otro, con frecuencia incluso están en conflicto. [...] Durante siglos se ha creído que el alma podía, en vida, escapar del cuerpo y llevar a lo lejos una existencia autónoma. Sin embargo, es sobre todo en la muerte que esa independencia siempre es afirmada más netamente. Una vez que el cuerpo se disuelve y se aniquila, el alma sobrevive [...]. Se puede incluso decir que, estando en estrecha asociación, el alma y el cuerpo no pertenecen al mismo mundo. El cuerpo es parte del universo material tal como nos lo hace conocer la experiencia sensible; la patria del alma está en otra parte, y el alma tiende sin cesar a retornar allí. Esa patria es el mundo de las cosas sagradas. Así ella está investida de una dignidad que siempre ha sido negada al cuerpo; mientras que aquél es considerado como esencialmente profano, ella inspira algunos de los sentimientos que en todas partes están reservados a lo divino. Ella está hecha de la misma sustancia que los seres sagrados y no difiere de ellos más que en grado. Una creencia tan universal y tan permanente no podría ser puramente ilusoria.[35]

La misma dualidad que desde la perspectiva anómica de *El suicidio* era descripta como desgarradora, aquí es un dato uni-

---

33   BESNARD (1998).
34   BESNARD (1983).
35   DURKHEIM (2010a), "Le dualisme de la nature humaine et ses conditions sociales": 317-318.

versal al que no se le hacen objeciones. Este contraste apunta a que la desaparición del término anomia se da en simultáneo con el decreciente énfasis de Durkheim respecto a un estado de crisis social. En *La educación moral* el motivo para ocuparse de la materia es la urgencia de una crisis que requiere soluciones.[36] Poco después, en *La evolución pedagógica en Francia*, el sociólogo ya no hablaba de un problema moral, sino del problema estrictamente científico planteado por la necesidad de disolver la separación entre las disciplinas de conocimiento dedicadas al hombre y aquellas otras dedicadas a la naturaleza: "el hombre es parte del universo, y no se lo puede abstraer sin truncarlo y desnaturalizarlo".[37] Durkheim, a medida que se concentraba cada vez más en pensar la integración entre las fuerzas que han tensionado y dividido tanto al hombre como a los conocimientos sobre el hombre, se desinteresaba por los diagnósticos alarmados. En sus dos textos de 1911 sobre educación y pedagogía las preocupaciones sobre una crisis moral están por completo ausentes.[38]

En el estudio del suicidio Durkheim había buscado un indicador de la magnitud de la "miseria moral" y la "tristeza colectiva" que azotaban a la sociedad.[39] El suicidio, como el crimen, era un fenómeno normal pero sólo en cierta medida, y ella había sido superada, evidenciando un estado crítico que debía repararse.[40] Sin embargo, la caracterización del punto en que un fenómeno deja de ser normal y se vuelve patológico es tan difícil en *El suicidio* como en *Las reglas*. Allí es donde los críticos tendieron a ver rápidamente los límites de una teoría. Allí es también donde Durkheim asumió con igual rapidez el desafío de entender esa ambigüedad no como un defecto de sus ideas, sino como un hecho fundamental de la realidad social.

La anomia, a la vez exceso de regulaciones y falta de regulación, ya era un concepto ambiguo desde *La división del trabajo*. En *El suicidio* Durkheim escribió: "En el orden de la vida nada es

---

36   DURKHEIM (1925): 3.
37   DURKHEIM (2014): 387.
38   DURKHEIM (1922): 35-103.
39   DURKHEIM (1990b): 445 y 450.
40   *Ibídem* 413-424.

bueno sin medida".[41] El planteo es afín a lo expresado en la indicación de que la psicología seguía cada vez más "la idea de Spinoza según la cual no amamos las cosas porque sean buenas, sino que son buenas porque las amamos".[42] En su desarrollo, la obra de Durkheim se abisma cada vez más al relativismo, hasta que en *Las formas elementales* concederá: "tanto en el presente como en la historia, vemos sin cesar que la sociedad crea cosas sagradas con cualquier tipo de cosa".[43]

En la medida en que Durkheim, aproximándose a su definición de lo sagrado, hizo que las ambigüedades que atravesaban su obra dejaran de ser meros problemas para convertirse en concepto, el término anomia fue plenamente abandonado y sus tensiones interiores entre la regulación y la desregulación fueron abordadas de un nuevo modo en una sociología religiosa cuyas consecuencias políticas no fueron desarrolladas por el sociólogo en los pocos y difíciles años que le quedaron tras la publicación de su gran libro de 1912.

7.3. Durkheim, en *Las formas elementales*, escribió:

> Todas las creencias religiosas conocidas, sean simples o complejas, presentan un mismo carácter común: suponen una clasificación de las cosas, reales o ideales, que se representan los hombres, en dos clases, en dos géneros opuestos, designados generalmente por dos términos distintos que son traducidos bastante bien por las palabras *profano* y *sagrado*. La división del mundo en dos dominios que comprenden, uno todo lo que es sagrado, el otro todo lo que es profano, tal es el rasgo distintivo del pensamiento religioso.[44]

En lugar de intentar establecer el repertorio de aquello a lo que se identificaba como sagrado, tal como habían hecho en buena medida los grandes estudios sobre religión que le habían precedido, Durkheim ofreció una definición estrictamente formal donde, en la medida en que cualquier cosa puede ser sagrada,

---

41 *Ibídem.* 233.
42 DURKHEIM (1991): 48.
43 DURKHEIM (1990a): 304.
44 *Ibídem.* 50-51.

lo que constituye la especificidad de este dominio es únicamente su división con lo profano sostenida por un sistema de obligaciones e interdicciones. Tal distinción no denota únicamente una diferencia de jerarquía, sino que tiene efectos prácticos, ya que lo sagrado está envestido de fuerzas cuya gran capacidad de afectar lo profano requiere una administración cuidadosa de la que dependerá que las consecuencias de su trato sean benéficos o maléficos.[45] Lo sagrado, entonces, no sólo se diferencia de lo profano, sino que se desdobla en formas fastas y nefastas.

El impacto de estos nuevos conceptos en la reformulación de la teoría de la regulación social puede señalarse, en un primer acercamiento, por el modo en que Durkheim, al identificar las fuerzas sagradas con fuerzas sociales, abandonó por completo la imagen de la sociedad como organismo.

En 1887, siguiendo a Comte, el joven sociólogo podía afirmar que la sociedad es tan real como un organismo viviente.[46] La metáfora orgánica también había servido en *La división del trabajo* para pensar el todo social como un conjunto organizado de partes diferenciadas. Sin embargo, los límites de esa figura se hicieron presentes en la medida en que al interior de un organismo la diferencia con el orden tiende a ser aprehendida como enfermedad, mientras que Durkheim estaba interesado en señalar que el crimen, sin ser un hecho normativo, es un fenómeno social y por lo tanto regular. Para poder decir que el crimen es distinto al orden normado del cuerpo sin ser por ello como una enfermedad para un organismo, la solución de Durkheim, en *Las reglas del método*, fue compararlo con el dolor, el cual no puede reducirse a signo de un mal ya que es constitutivo del mecanismo de la salud y de los procesos de curación. Si el dolor y las molestias fuesen igual a la enfermedad, explicaba Durkheim, habría que entender la menstruación como un fenómeno mórbido.[47] En esa fórmula un tanto urgida se puede ver que Durkheim necesitaba otros términos para poder hablar del conflicto como dimensión integrante de la regulación. Ese nuevo horizonte fue ofrecido por el concepto de *fuerzas*.

---

45 DURKHEIM (1975b), "Définition du sacré et du profane": 64.

46 DURKHEIM (2010a), "Cours de science sociale": 93.

47 DURKHEIM (1919): 64.

En *Las reglas* ya se hablaba extensivamente de fuerzas, pero estas aparecen mayormente como efecto de una disposición. El concepto, en cambio, ganó entidad propia en la redacción de *El suicidio*, donde Durkheim escribió: "Las tendencias colectivas tienen una existencia que les es propia; son fuerzas tan reales como las fuerzas cósmicas, aunque tienen otra naturaleza; ellas igualmente actúan sobre el individuo desde afuera, aunque sea por otras vías".[48] El dominio religioso fue el laboratorio en el que Durkheim pudo refinar este concepto:

> Lo que encontramos en el origen y en la base del pensamiento religioso no son objetos o seres determinados y diferenciados que posean por sí mismos un carácter sagrado; son poderes indefinidos, fuerzas anónimas, más o menos numerosas según las sociedades, a veces incluso unificadas, y cuya impersonalidad es estrictamente comparable a la de las fuerzas físicas cuyas manifestaciones son estudiadas por las ciencias naturales.[49]

Se trata de fuerzas sociales hipostasiadas.[50] Aun cuando ellas se presenten como operativas sobre animales, tormentas y astros, su origen es exclusivamente social,[51] en tanto la idea de una diferencia jerárquica como la establecida entre lo sagrado y lo profano no puede surgir de ninguna otra fuente: "[ella] no nos podría haber sido provista ni por el espectáculo de la naturaleza física ni por el mecanismo de las asociaciones mentales. La jerarquía es una cosa exclusivamente social. Es solamente en la sociedad que existen superiores, inferiores e iguales".[52] Esto significa que a pesar del privilegio que Durkheim concedió a las instituciones de la religión, nunca postuló que toda vida social se explique por ellas ni que toda forma social guarde una dimensión religiosa.[53] Tal como es indicado al comienzo del primer capítulo de *Las formas*, el objetivo del estudio no es meramente conocer las particularidades de la vida religiosa de los pueblos australianos, sino

---

48 DURKHEIM (1990b): 348.
49 DURKHEIM (1990a): 285-286.
50 DURKHEIM (1975b), "Cours sur les origines de la vie religieuse": 117.
51 DURKHEIM (1990a): 118-122.
52 *Ibídem*: 211.
53 DURKHEIM (2010a), "Le problème religieux et la dualité de la nature humaine": 40-41.

"explicar una realidad actual" y "revelar un aspecto esencial y permanente de la humanidad".[54] Sobre el caso específico analizado, lo que se desarrolla aquí es una teoría sobre *las fuerzas esenciales de la vida social.* La insistencia a lo largo de la obra en la ambigüedad de las fuerzas sociales no debe reducirse entonces al ámbito religioso, sino entenderse como una característica central de las mismas.

Estas fuerzas no son las de un organismo, un cuerpo o mucho menos las de unos individuos, sino que tienen una existencia propia, aun si siempre permanecen relativamente indeterminadas. Ellas operan y se manifiestan allí donde los hombres sienten la influencia de un poder superior que no se corresponde con persona alguna. Los ritos, las creencias, las costumbres, los conocimientos, las técnicas, las historias, los símbolos y el lenguaje se ofrecen siempre ya dados y quienes asisten a esas fuerzas sienten las obligaciones que imparten, los deseos y temores que inspiran y las resistencias que manifiestan cuando una voluntad particular quiere someterlas.[55] Para participar de ellas sin exponerse a sus efectos nocivos es necesario hacer sacrificios. "No hay acto moral sin sacrificio", proclamó Durkheim en 1913.[56]

Este es uno de los movimientos más importantes de la sociología durkheimiana. Aquí la investigación de Durkheim se nutre ampliamente de los trabajos de dos integrantes fundamentales de *L'Année sociologique,* Henri Hubert y Marcel Mauss, quienes en su "Introducción al análisis de ciertos fenómenos religiosos" (1906) habían escrito: "El sacrificio es un modo por el que el profano se comunica con lo sagrado por intermediación de una víctima".[57] Sobre este punto, luego de los durkheimianos, debatieron intensamente algunas obras fundamentales del siglo XX: *El hombre y lo sagrado* (1939) de Roger Caillois, *Dialéctica de la Ilustración*

---

54 DURKHEIM (1990a): 1-2.

55 DURKHEIM (1975a), "L'état actuel des études sociologiques en France": 98-104.

56 DURKHEIM (2010a), "Le problème religieux et la dualité de la nature humaine": 31. El desarrollo extensivo de la cuestión del sacrificio en la obra del sociólogo tiene lugar en DURKHEIM (1990a): 480-500.

57 MAUSS (1968a), "Introduction à l'analyse de quelques phénomènes religieux": 16. Para un análisis detallado del contexto en que los durkheimianos formularon su teoría del sacrificio, véase el gran trabajo de STRENSKI (2003).

(1944) de Max Horkheimer y Theodor Adorno, *La parte maldita* (1949) de Georges Bataille, *La violencia y lo sagrado* (1972) de René Girard y *Homo sacer* (1995) de Giorgio Agamben. La cuestión es central ya que lo que en ella se juega es la definición del significado social de la destrucción. Desde el "Ensayo sobre la naturaleza y función del sacrificio" publicado por Hubert y Mauss en 1899, el durkheimismo entendió que la destrucción es esencial al rito, ella habita el corazón mismo de lo social.[58]

La preocupación de Durkheim respecto a la destrucción antecede al estudio del sacrificio y ocupa un lugar central en *El socialismo*, curso dictado en la Universidad de Burdeos en 1895-1896, donde una de las preguntas que surgía de la lectura de Saint-Simon era acerca del rol de la tarea destructiva en el proceso de reorganización de la vida social.[59] De modo más sucinto y enfocado a una discusión con el socialismo revolucionario del que era contemporáneo, ese mismo problema fue tratado en 1906 en "Internacionalismo y lucha de clases", donde ante los argumentos favorables a la lucha de clases promovidos por su interlocutor, Hubert Lagardelle, Durkheim discutió que el recurso a la violencia y la destrucción fuese necesario y, menos aun, positivo. En su argumento explicaba:

> Entiendo que cuando hablan de destruir las sociedades actuales, se reservan el derecho de reconstruirlas. Pero esas son ensoñaciones de infantes. No es así como se rehace la vida colectiva; una vez destruida nuestra organización social, harían falta siglos de historia para lograr una nueva. [...] De allí no despuntará el sol de una sociedad nueva, resplandeciente de luz sobre las ruinas de la antigua; sino que se entrará en un período de oscuridad. En lugar de acelerar ese período, es necesario emplear toda nuestra inteligencia en prevenirlo, o, si es imposible, en abreviarlo y hacerlo menos sombrío. Por tanto, es necesario impedir las destrucciones que suspenden el curso de la vida social y de la civilización.[60]

No se trata únicamente de que la destrucción del orden social entrañaría más problemas que horizontes de renovación, sino

---

58   MAUSS (1968a), "Essai sur la nature et la fonction du sacrifice": 193-307.
59   DURKHEIM (2002b): 85 y 141-142.
60   DURKHEIM (2010a), "Internationalisme et lutte des classes": 287.

que, además, Durkheim no consideraba que semejante tarea fuese realizable por la voluntad de los hombres.[61]

Tanto la teoría del sacrificio como, sobre todo, la noción de la ambivalencia de las fuerzas sociales implican tentativas de pensar la destrucción ya no como amenaza a la sociedad sino como una de sus manifestaciones.[62]

Los problemas inherentes a esta idea pueden manifestarse a partir de la expresión, reportada por Pierre Klossowski a Agamben, de Walter Benjamin ante los trabajos de la escuela postdurkheimiana de sociología nucleada en la revista *Acéphale*: "Ustedes trabajan para el fascismo".[63] En efecto, uno de los tópicos fundamentales de la publicación, en la que escribían tanto Bataille como Caillois –inspirados no sólo en los trabajos de la escuela durkheimiana, bien conocidos por ambos, sino también en la lectura de Sade y Nietzsche–, era entender que los aspectos nefastos de las fuerzas sociales, arrojados por la racionalidad moderna hacia el mundo de lo profano, también participan en la sacralidad.[64] Agamben, en sintonía con Benjamin, ha entendido que la idea de la ambivalencia de lo sagrado es ciega a su solidaridad con los dispositivos de descalificación de la vida y exterminio elaborados en el siglo XX a partir de la figura del estado de excepción y de la institución de los campos de concentración.

Una perspectiva tan grave no puede ser desconsiderada a la ligera y merece profundizarse. Sin embargo, el punto en que la teoría durkheimiana de la regulación se separa del tipo de consecuencias que sí pueden pesar en la concepción de lo sagrado trabajada por Maistre y Bonald, es la negación plena del horizonte de una destrucción posible del todo social.

Durkheim, en efecto, concedía que no todas las ceremonias religiosas en las que se invoca la fuerza sagrada de lo social, en su carácter ambivalente como obligatorias y deseables, tienden a requerir de la sangre,[65] pero no porque la sangre tenga un valor

---

61   *Ibídem.* 286.
62   Lo mismo debe tenerse en cuenta al pensar en la magia como transgresión de la religión, tema ya tratado en OTTONELLO (2015b).
63   AGAMBEN (1998): 145.
64   Al respecto, BATAILLE (1998).
65   DURKHEIM (1990a): 193-194.

en sí misma, no porque la mutilación, la muerte y la destrucción sean requeridas para la vida de lo social, sino como representación de la donación hecha a lo social. Los rituales con sangre son simplemente una de las formas elementales en las que se manifiesta la relación de los individuos con las fuerzas sociales, pero ellos mismos no constituyen una esencia.

Que lo social sea impasible a la destrucción no significa que la aloje como elemento constitutivo de su dinámica. La necesidad del crimen no debe, por lo tanto, ser confundida con la necesidad de la destrucción. Todo el sentido de la evolución social, de acuerdo a Durkheim, tiende, o al menos debería tender, a comprender cuáles son las operaciones fundamentales efectuadas en los ritos y prácticas que dan manifestación a lo común, de modo tal que puedan realizarse de modos cada vez más abstractos. La secularización no significa, para la sociología durkheimiana, el abandono de los principios religiosos, sino la modificación de los rituales comunitarios en un sentido que los libere de las marcas de sangre y afirme como elemento central las operaciones mentales en juego. Lo que se dona a lo social son siempre fuerzas morales, incluso cuando se lleva a cabo mediante destrucciones físicas. Lo importante, entonces, es encontrar modos de efectuar los sacrificios que prescindan cada vez más de esas formas destructivas. Esto de ninguna manera supone que Durkheim haya realizado una crítica de los procedimientos sacrificiales realizados por otras culturas o civilizaciones; cada una de ellas tuvo sus formas propias y las mismas deben ser respetadas sin que ello implique reproducirlas o renunciar a encontrar unas propias a las sociedades modernas. El aporte de la sociología a la moral consiste en la identificación de los principios fundamentales de lo social mediante el estudio de formas diversas, con lo que el aporte práctico de esta ciencia debe buscarse entonces en la capacidad de extraer los fundamentos de esos principios de modo tal que puedan ser puestos en juego de modos novedosos.

La coincidencia de Durkheim con Bonald y Maistre acerca de que la sociedad es indestructible lleva así a consecuencias radicalmente distintas. Para los pensadores contrarrevolucionarios, se seguía que las destrucciones que tenían lugar en los crímenes, las guerras y los sacrificios, eran movimientos que, al no atentar contra el todo, podían aceptarse como parte integrante del mismo, como formas necesarias de su existencia. Para Durkheim, en cambio, que la sociedad sea indestructible es la manifestación más patente de que ninguna destrucción puede aspirar a efectos positivos, por lo cual nunca puede ser justificada como necesaria. Que la sociedad sea indestructible es precisamente, para la sociología durkheimiana, el argumento central contra la aceptación de toda forma destructiva. Los hombres pueden renunciar a esa capacidad sin por ello renunciar a una transformación de lo social que constituye, lejos de toda pasividad, su tarea más importante.

7.4. Resta una última pregunta de gran importancia. ¿La sociología durkheimiana acepta la normalidad de la guerra del mismo modo en que acepta la normalidad del crimen? Esta pregunta es central para pensar el destino de la sociología tras los grandes conflictos bélicos del siglo XX, y las nuevas tecnologías de la masacre inaugurados por ellos.

El paisaje sin guerras, sin masacres y sin anexiones por conquista del que habló Tarde refiriéndose a la sociología de Durkheim fue alterado dramáticamente por el estallido de la Primera Guerra Mundial. ¿Hay modo de incorporarlo a la teoría durkheimiana? ¿Se trata de un acontecimiento inasimilable que la vuelve caduca? ¿O se trata de una expresión titánica del crimen que debe ser incorporada como fenómeno normal, exponiéndola al reproche de ser indiferente con el horror, tal como lamentó Leo Strauss pensando en el pulso general de las ciencias sociales?

Para responder es necesario tener en cuenta tanto el modo en que Durkheim, a contrapelo de la filosofía política clásica, disoció al crimen de la guerra, y, por otra parte, atender a su diferenciación entre el dominio de lo social y el de las soberanías políticas.

Aun si se manifiesta como un enemigo, el criminal, de acuerdo a Durkheim, no tiene la capacidad de hacerle la guerra a la sociedad porque nunca puede situarse por fuera de ella. La guerra sólo se despliega en el límite con una exterioridad. La pregunta, por lo tanto, es qué espacio, qué cuerpo o qué fuerza está en condiciones de mantener una relación de exterioridad con una sociedad. Si, de acuerdo a lo ya analizado, se descarta que un individuo pueda situarse tras esa frontera, la primera opción es pensar en otra sociedad. Sin embargo, la dinámica de lo social excluye esa posibilidad. Al respecto es contundente un texto breve pero fundamental escrito por Durkheim junto a Marcel Mauss en 1913, "Nota sobre la noción de civilización", cuya importancia radica en que muestra uno de los rasgos fundamentales que separa a la sociología de la filosofía política clásica. Allí indicaron que una de las características esenciales de los fenómenos sociales es que funcionan a nivel internacional, tal como ocurre con los modos en que los cuentos, la moneda, el comercio, las artes, las ciencias y las técnicas suelen permear los límites pretendidamente nítidos de las naciones, los estados y los pueblos, figuras utilizadas para caracterizar a las sociedades políticas. Mientras esas sociedades políticas y jurídicas siempre fueron consideradas por la filosofía política como las mayores agrupaciones sociales existentes, la sociología durkheimiana propuso a la civilización como forma macro de organización.[66] Mientras las sociedades políticas se definen por los límites concretos de sus extensiones y alcances, la noción de civilización desdibuja las diferencias entre sociedades. Esto no significa que se puedan pasar por alto las singularidades de las sociedades para hablar de *la sociedad* en general,[67] pero sí que las diversas sociedades, al encontrarse, comparten el dominio común de las fuerzas sociales, una de cuyas características centrales, tal como la señaló Durkheim, es que son comunicables. Las sociedades, por lo tanto, nunca se encuentran una con otra como con un afuera. Sería necesario que dos sociedades nunca tuviesen ningún tipo de contacto (ni siquiera mediado) para ser consideradas exteriores, lo cual excluiría a la vez la posibilidad de la guerra.

Las relaciones de exterioridad son entre sociedades políticas, o más precisamente, son sólo asunto de la política. En este punto Durkheim, siguiendo a Rousseau, marcaba que hay heterogeneidad entre la dimensión social y la política, entre la sociedad y el gobierno:

---

66   MAUSS (1968b), "De quelques formes primitives de classification": 451-455.
67   MAUSS (1968c), "Divisions et proportions des divisions de la sociologie": 202-203.

Las guerras, los tratados, las intrigas, los actos de los hombres de Estado son combinaciones que jamás son parecidas a ellas mismas; no se puede más que relatarlas y, para bien o para mal, ellas parecen no proceder de ninguna ley definida. Se puede decir, en todo caso y con certeza, que si tales leyes existen, ellas son las más difíciles de descubrir.[68]

Los actos de gobierno, en especial el acto que constituye la atribución por excelencia del soberano,[69] la declaración de guerra, pertenece al dominio de lo contingente y no puede ser pensado de acuerdo a ninguna regularidad, tal como sí es propio a los hechos sociales. Durkheim no excluye terminantemente la posibilidad de que los acontecimientos políticos puedan ser tratados alguna vez desde una perspectiva científica, pero sí entendía que ella definitivamente no estaba realizada.

Al respecto, es sumamente ilustrativo el modo en que Durkheim, junto a Ernest Denis, analizó los motivos que desencadenaron la Primera Guerra Mundial, en *¿Quién ha querido la guerra? Los orígenes de la guerra a partir de los documentos diplomáticos* (1915). El trabajo, en primer lugar, se ocupa de argumentar que la responsabilidad de que se haya llegado a la guerra recaía en Alemania, esto logrado mediante un análisis de las extensas negociaciones diplomáticas que tuvieron lugar desde el asesinato del archiduque Francisco Fernando de Austria, el 28 de junio de 1914, hasta el punto de no retorno, el 28 de julio del mismo año. Pero de modo más importante aún, a los fines de lo aquí analizado, Durkheim y Denis planteaban que todas las partes involucradas en ese proceso diplomático, Serbia, Rusia, Inglaterra, Francia, e incluso Austria, habían procurado encontrar una solución pacífica; la guerra se dio por la realización de la más pequeña de las contingencias, por el triunfo de la voluntad bélica alemana por sobre todos las tentativas de solucionar el conflicto entre Austria y Serbia de manera pacífica. La guerra no se seguía, de acuerdo al estudio, de ninguna necesidad social e incluso era contraria al decurso pacífico de la vida europea de los últimos cuarenta años.

---

68   DURKHEIM (1975a), "Sociologie et sciences sociales": 147.
69   DURKHEIM (1915): 11.

Junto al trabajo con Denis, Durkheim dedicó otro libro, este escrito en solitario, a analizar, en términos sí más propiamente sociológicos, los motivos de la actitud bélica de Alemania; el trabajo se tituló *"Alemania por sobre todo" La mentalidad alemana y la guerra* (1915). Allí el sociólogo se basó en el análisis del tratado de Heinrich von Treitschke, *Politica* (1911-1913) –libro entendido menos como obra de un hombre que de una colectividad[70]–, para cuestionar la idea de soberanía, es decir, de la primacía del Estado por sobre la sociedad y sus fuerzas morales.[71] En "Dos leyes de la evolución penal" (1900) Durkheim ya había señalado que bajo los gobiernos absolutos, que realizan en su plenitud el ideal de soberanía, se multiplican los actos considerados criminales, se endurecen las penas y se engrosa el listado de crímenes calificados bajo la figura de lesa majestad.[72] Se trata de un orden de críticas que continúa la línea de lo señalado desde la crítica inicial de Durkheim a la idea de que la sociedad pueda considerarse regida por las voluntades particulares de los legisladores. Mientras en una sociedad democrática la sociedad y el Estado son dos aspectos de una misma realidad,[73] la idea de soberanía considera en cambio que la sociedad es el dominio de la confrontación entre voluntades particulares que, para ser llevadas al orden, deben estar sometidas por una instancia superior basada en el ejercicio de la fuerza militar. La Alemania que llevó a la Gran Guerra había recaído en esa ilusión de la soberanía, olvidando los aportes hechos por la propia filosofía alemana a la consideración de "esas fuerzas impersonales, anónimas y oscuras que no son factores menores de la historia".[74] La premisa fundamental de la sociología Durkheimiana no es desconocer la importancia y necesidad del Estado, sino su carácter derivado en relación con la vida social.[75] La guerra es la forma extrema en que la política, en que una voluntad singular o un conjunto de voluntades singulares, pretende establecer por la fuerza el curso

---

70 *Ibídem.* 5.
71 *Ibídem.* 7.
72 DURKHEIM (1901): 76 y 93.
73 DURKHEIM (1915): 27.
74 *Ibídem.* 29.
75 *Ibídem.* 31.

de la vida social. Aun si tiene lugar entre sociedades políticas, la guerra es siempre lucha del Estado contra la sociedad, violencia de una institución política que se ha considerado a sí misma exterior al orden social. Si bien entendía que el crimen era normal, Durkheim no dudó en considerar que esa situación es patológica:

> Este estado consiste en una hipertrofia mórbida de la voluntad, una suerte de manía de querer. La voluntad normal y sana, tan enérgica como pueda ser, sabe aceptar las dependencias necesarias que están fundadas en la naturaleza de las cosas. [...] Para librarse completamente de esas limitaciones y resistencias, debería concentrar la vida en torno a ella misma, es decir ponerse por fuera de las condiciones de la vida. Pero hay fuerzas morales que se imponen igualmente [...] a los pueblos y los individuos. No hay Estado que sea lo bastante potente como para gobernar eternamente contra sus sujetos y someterlos, por pura coerción externa [...]. Hay una conciencia universal y una opinión del mundo al imperio del que no es posible sustraerse como tampoco se puede salir del imperio de las leyes físicas; pues son fuerzas que, cuando son doblegadas, reaccionan contra aquellos que las ofenden. [...] Ahora bien, lo que se encuentra en la base de la mentalidad [alemana] que acabamos de estudiar es justamente un esfuerzo por elevarse "por encima de todas las fuerzas humanas", para dominarlas, para ejercer sobre ellas un soberanía plena y absoluta. Hemos partido del término de soberanía y es a él al que debemos regresar, pues resume el ideal que se nos ofrece. El individuo es demasiado falible para realizar ese ideal de dominación; pero el Estado puede y debe lograrlo agrupando fuertemente en su mano el haz de fuerzas individuales y haciéndolas converger hacia un fin único. El Estado, he aquí la única forma concreta e histórica que puede tomar el súper-ser del que Nietzsche hizo la profecía y el anuncio, y es a ese devenir que el Estado alemán debe dirigir todas sus fuerzas. [...] Estamos en presencia de un caso netamente caracterizado de patología social. Los historiadores y los sociólogos buscarán más tarde las causas; hoy nos es suficiente constatar su existencia. [...] Sin duda hay grandes crisis nerviosas al curso de las cuales las fuerzas del enfermo se sobre-existan; su potencia de trabajo y producción se acrecienta; hace cosas de las que sería incapaz en un estado normal. Así no conoce límites a su poder. Pero esa sobreactividad siempre es pasajera; [...] la naturaleza no tarda en tomar revancha. Es un espectáculo análogo al que nos hace asistir Alemania. Esta tensión enferma de una voluntad que se esfuerza en escapar a la acción de las

fuerzas naturales, le permite lograr grandes cosas; es así que ella ha podido poner en funcionamiento la monstruosa máquina de guerra que ha lanzado sobre el mundo para dominarlo. Pero el mundo no se deja dominar. Cuando la voluntad se niega a conocer límites [...] es inevitable que se deje llevar a excesos que la debilitan, y ella llegará, un día u otro, a caer bajo fuerzas superiores que la rompen. [...] Alemania no puede cumplir el destino que se ha asignado sin impedir que la humanidad viva libremente, y la vida no se deja encadenar eternamente. Es posible, mediante una acción mecánica, contenerla, paralizarla por un tiempo; pero ella siempre termina por retomar su curso, arrojando a sus orillas los obstáculos que se oponen a su libre movimiento.[76]

Junto a la necrológica escrita para su hijo, muerto debido a las heridas recibidas en combate, ese es uno de los últimos textos que Durkheim llegó a escribir. El primer libro publicado por Durkheim, *Contribución de Montesquieu a la constitución de la ciencia política*, y este último, guardan a su obra sociológica como en la distancia y la crítica respecto a las deficiencias científicas y los efectos ruinosos de suponer que la política, en tanto trama de acciones voluntarias individuales, pueda guiar a la vida social. El destino de la sociología de Durkheim es incomprensible sin atender a ese mensaje inscripto en su fundación y en su término.

---

76   *Ibídem*: 44-47.

8.1. En uno de los fragmentos finales de *Dialéctica de la Ilustración*, sugestivamente titulado "Contribución a una teoría de los espectros", Horkheimer y Adorno escribieron: "Se podría casi decir que se ha hecho obsoleto el concepto de vida humana como unidad de la historia de un hombre: la vida del individuo es definida ahora sólo por su opuesto, la destrucción".[1] Los sociólogos alemanes señalaban de ese modo que los hombres del siglo XX, acechados por la aniquilación, sólo tenían como alternativa volverse participantes de las fuerzas destructoras y aceptar así que vivir, antes que la capacidad de experimentar, consiste en el movimiento de saber romper, dejar atrás, olvidar, gestos todo ellos que borran los límites entre la supervivencia y la auto-destrucción. Esta concepción del vivir definido por la muerte fue rastreada por Horkheimer y Adorno hasta las capas más antiguas de la cultura griega, leyendo la astucia de Odiseo en los siguientes términos:

> El dominio del hombre sobre sí mismo, que fundamenta su autoconciencia, es virtualmente siempre la destrucción del *sí mismo* a cuyo servicio se realiza, pues la sustancia dominada, oprimida y disuelta por la autoconservación no es otra que lo viviente en función de lo cual se determina el trabajo de la autoconservación, y que en realidad es justamente aquello que se procura conservar. La irracionalidad del capitalismo totalitario –cuya técnica para satisfacer necesidades hace imposible, en su forma objetivada y determinada por el dominio, la satisfacción de las necesidades y conduce al exterminio de los hombres– está ejemplarmente prefigurada en el héroe que

---

1   HORKHEIMER y ADORNO (1998): 257.

se sustrae al sacrificio sacrificándose. La historia de la civilización es la historia de la introyección del sacrificio. En otras palabras: la historia de la renuncia.[2]

El movimiento es similar al del otro gran personaje homérico, Aquiles, quien contra la muerte lenta que llega en la vejez como nada y olvido prefiere una muerte heroica y joven que lo haga merecedor de permanecer por siempre en la memoria de los hombres.[3] En otro dominio, el cristiano –también central para la constitución de una ética del sacrificio–, la muerte, ya no como fin sino como pasaje, es la que da sentido a una nueva vida espiritual: "Ofreceos más bien a Dios como si fueseis muertos que han vuelto a la vida".[4]

De todos modos, la crítica de Horkheimer y Adorno a la visión de la vida desde la muerte parece dirigirse de manera fundamental, aun si allí no se lo explicita, contra la filosofía de Martin Heidegger.[5] El filósofo, en el parágrafo 49 de *Ser y tiempo* (1927), escribió: "La exégesis existenciaria de la muerte es anterior a toda biología y ontología de la vida";[6] participaba así de modo pleno en el linaje de las miradas greco-cristianas. Sin embargo, atendiendo a las palabras de los sociólogos alemanes, es preciso referir a otro parágrafo de *Ser y tiempo*, el 6, donde Heidegger, como condición necesaria para una interrogación sobre el ser en tanto concepto fundamental, propuso: "es menester ablandar la tradición endurecida y disolver las capas encubridoras producidas por ella. Es el problema que comprendemos como la *destrucción* del contenido tradicional de la ontología antigua, llevada a cabo *siguiendo el hilo conductor de la pregunta que interroga por el ser*, en busca de las experiencias originales en que se ganaron las primeras determinaciones del ser, directivas en adelante".[7] La tradición, según esa propuesta, antes que conducir al origen lo oculta y debe por lo tanto someterse a un trabajo de destrucción

2   *Ibídem.* 107.
3   VERNANT (1989): 41-79. También VERNANT (2008): 71-87.
4   *Romanos* 6:13.
5   Extensas críticas directas a Heidegger se encuentran en ADORNO (1991): 73-102; también *Dialéctica negativa* (1989): 65-135.
6   HEIDEGGER (1993): 270.
7   *Ibídem.* 32-33.

selectiva tras el cual, a través de la historiografía resquebrajada, emerja la historicidad como determinación del ser anterior a toda historia (en el sentido de gestas de la historia mundial).[8] Este sacrificio del pasado en nombre del movimiento del preguntar es exactamente lo que está señalado cuando Horkheimer y Adorno hablan de la destrucción como definidora de la vida. La operación de lectura de los sociólogos, aquella por la que vinculaban el pensamiento de Heidegger con la lógica de los exterminios de la Segunda Guerra Mundial,[9] consistió en plegar el sentido de esa destrucción orientada a la verdad sobre el de una muerte tomada como fundamento de toda pregunta por la vida. De ese modo, por una parte, no hay destrucción que no acarree muerte y, por otra, la muerte ante la que se define la vida adquiere una modalidad muy específica en tanto aniquilación. Lo propio de la pregunta por la destrucción es entonces la escena de una vida que se vincula con su muerte como con su obra; una muerte que aun si requiere un afuera del vivir, no llega como lo exterior a lo que desgarra lo interior, sino que es más bien el gesto de arrojarse hacia ella. Tal vez nunca, como en el siglo XX, la muerte llegó a ser pensada hasta tal grado como un proceso de auto-destrucción de la vida. En ese horizonte toda pregunta por lo que es más allá de lo existente, toda pregunta metafísica, parece traer consigo una sombra terrible.

8.2. En *¿Qué es metafísica?* (1929), Heidegger escribió: "La metafísica es el preguntar más allá de lo ente a fin de volver a recuperarlo en cuanto tal y en su totalidad para el concepto".[10] Arendt, en *La condición humana* (1958), posiblemente apuntando a Heidegger, proponía: "ya que la acción [el comenzar] es la actividad política por excelencia, la natalidad, y no la mortalidad, puede ser la categoría central del pensamiento político, diferenciado del metafísico".[11] La metafísica queda así, mediante ese gesto, del lado

---

8   *Ibídem*. 30-31.
9   "Las ontologías en Alemania, sobre todo la de Heidegger, siguen influyendo, sin que las huellas del pasado político sirvan para escarmentar". ADORNO (1989): 65.
10 HEIDEGGER (2003): 37.
11 ARENDT (2010): 23.

de la muerte, y ante ella la política es la acción de definir la vida no por lo que la termina sino por su capacidad de comenzar. Si una interrogación sobre la muerte no es aceptable como herramienta para el vivir ello se debe a que la muerte ya no es más un acontecimiento exclusivamente individual y ha devenido sistema capaz de arrasar a la humanidad toda. Esto no quita que Arendt haya enfatizado que no se puede perder de vista esa muerte, lo cual, antes que pensar a través de ella, implica no desconocerla como riesgo por excelencia. De ahí que los reparos de la pensadora frente a la metafísica –tan grandes que incluso la prevenían de llamarse a sí misma filósofa– van de la mano con los reparos contra un concepto moderno de historia cuya especificidad, a diferencia de las antiguas teorías del tiempo cíclico y de las nociones escatológicas del cristianismo, es que implica un proceso que no reconoce ni principio ni fin.[12] Por tal motivo, si en uno de los frentes con los que discute la teoría política arendtiana está la metafísica heideggeriana, en el otro, complementario, es justificado situar a una sociología como la durkheimiana según la cual la historia no comienza ni termina en ninguna parte.[13] Negar el comienzo –"como toda institución humana, la religión no comienza en ninguna parte", enfatizó Durkheim[14]– implica, en los términos de Arendt, negar la potencia creadora de la acción y de la vida, es decir, cuestionar la efectividad de la política. Por otra parte, negar el fin implica suponer que el decurso de lo existente está libre de riesgo, lo cual era desmentido por las masacres cometidas y los peligros en ciernes. De este modo queda una escena en la que la teoría política se afirma en un doble debate contra la metafísica y la sociología. O en otros términos: la pregunta por la vida se afirma tanto contra la muerte como contra la inmortalidad. Se abren entonces dos mundos de problemas.

Por una parte, está la tarea de pensar qué es lo que habita en ese espacio más allá de la vida y con independencia de toda vida, de pensar la muerte no sólo acotada a ser término del vivir sino un territorio en sentido propio.

---

12   ARENDT (1995), "Historia e inmortalidad": 52.
13   DURKHEIM (1925): 317-318.
14   DURKHEIM (1990a): 11.

Una serie de trabajos recientes del filósofo Fabián Ludueña Romandini –etapas iniciales de un proyecto que se anuncia más vasto– apunta de manera aguda y original en ese sentido y constituye una referencia de base para la indagación aquí desarrollada. Tras una rigurosa articulación entre los modos de definir la vida en el mundo griego y las relaciones del cristianismo con la muerte, seguida de una mirada sobre la manera en que el trans-humanismo de fines del siglo XX e inicios del XXI abordó esos dominios, Ludueña Romandini cerró el primer volumen de *La comunidad de los espectros* (2010) proponiendo el desarrollo de una "espectrología" (también ha hablado, en otros textos, de una "hantología"[15]) capaz de lidiar con el mundo de las existencias fantasmales a las que diversas filosofías de los siglos XIX y XX habían querido eliminar por completo de la reflexión política. Ligado a ese tratamiento de lo que no puede ser definido en los términos de la vida, el filósofo propuso el abandono del prejuicio según el cual lo viviente debe permanecer siempre en el centro del pensamiento, para iniciar, en cambio, una indagación sobre la geografía de un "espacio no-antrópico".[16] Sobre esa premisa se monta su siguiente libro, *Más allá del principio antrópico* (2012), dedicado a esbozar una "topología de los mundos crepusculares". Es allí donde Ludueña Romandini, leyendo la analítica existenciaria de la muerte propuesta por Heidegger, planteó la necesidad de ir más allá de la muerte individual tomando como punto de partida la extinción de la especie humana, "punto en el que ya ningún *Dasein* podrá hacer la experiencia de muerte asumiendo la persistencia de la vida humana más allá de la aniquilación individual",[17] y, en simultaneo, apreció que Heidegger reenvía la muerte al problema de la vida abandonando "la posibilidad de hablar del *después* de la muerte como condición autónoma respecto del vivir y conceptualmente independiente de todo modo de existencia bajo la forma óntico-ontológica de la vida".[18] "¿Qué consecuencia puede tener para la ontología la consideración radical de un mundo no sólo desprovisto del hombre sino también

---

15   LUDUEÑA ROMANDINI (2013a): 145-158.
16   LUDUEÑA ROMANDINI (2010): 217-225.
17   LUDUEÑA ROMANDINI (2012b): 48.
18   *Ibídem.* 47.

de toda forma de vida?",[19] tal es la pregunta de Ludueña Romandini que conduce a una investigación dedicada a:

> delinear la geografía metafísica del *Outside* y donde tiene lugar, anida secretamente y, tal vez, subyace pacientemente, lo que nos gustaría denominar *entorno espectral*, el cual no consiste ya en una mera vida póstuma o superviviente (*Nachleben*), una segunda forma de la vida, sino, al contrario, en lo que existe *más acá y más allá* de toda vida –e independientemente de ésta– aún si no existe ninguna forma de vida que no tenga que confrontarse, de un modo decisivo, con ese abismo.[20]

Por otra parte, como problema complementario al de una nueva mirada metafísica sobre el territorio de lo no viviente, se encuentra la cuestión sobre las posibilidades de la inmortalidad. En *La comunidad de los espectros I* Ludueña Romandini dio cuenta de cómo los modelos cibernéticos de inmortalidad concebidos a lo largo del siglo XX, la codificación digital de la conciencia y la reconstrucción maquinal del cuerpo, lejos de dejar atrás el paradigma humano, son reelaboraciones del ideario cristiano según el cual el hombre es una obra en progreso que se terminará de realizar cuando a través de la tecnología de la resurrección se elimine todo rastro de animalidad en beneficio de un nuevo, definitivo e incorruptible cuerpo glorioso, sea bajo el modelo gnóstico del cuerpo inmaterial de los ángeles, sea bajo el modelo ortodoxo del cuerpo carnal del Mesías; en cualquier caso, se trata del triunfo final y absoluto de la vida sobre la muerte.[21] Bajo esas acepciones, la inmortalidad, lejos de ser un territorio sobre el que se deshace lo humano, constituye su entronización como lo viviente por excelencia y más allá de todo límite. La pregunta, ahora, es si esa inmortalidad trans-humana implica o no un mismo orden de problemas que la inmortalidad inherente a la historia sin principio ni fin de las ciencias sociales ante las que se inquietaba Arendt.

El reparo Arendt hacia el entendimiento de lo social o de la historia como procesos sin fin no apunta únicamente contra la inge-

---

19 *Ibídem.* 50-51.
20 *Ibídem.* 68. Respecto al lugar de la vida ante un cosmos no regido por el principio antrópico, véase LUDUEÑA ROMANDINI (2013b).
21 LUDUEÑA ROMANDINI (2010): 163-215.

La destrucción de la sociedad

nuidad de menospreciar el peligro que se cierne sobre toda vida humana, sino que también permite pensar una perspectiva más radical en la que esos procesos quizás podrían seguir su curso aun prescindiendo de la vida de los hombres. Semejante posibilidad implica contemplar el horizonte de extinción señalado por Ludueña Romandini para preguntarse luego si acaso allí puede haber, todavía, sociedad. Este camino difícil puede hacerse en al menos dos direcciones. Cabe pensar la sociedad como sobrevida de lo humano a través de un proceso en el que, como lo piensa Adorno, todo lo propio del hombre se traslada desde el individuo al sistema, convertido así en sujeto total capaz de prescindir por completo de la otredad; de este modo, devenir sistema participa en las posibilidad del trans-humanismo. Cabe, en otros términos, pensar lo social ya no como una obra humana que trasciende a su creador, sino como una existencia que antecede al hombre y seguirá su curso cuando él ya no esté. En ese sentido, Ludueña Romandini escribió que: "Desde el punto de vista del Mito lovecraftiano, una sociedad es la forma más profundamente inhumana que ha encontrado el hombre para organizar su convivencia".[22] Otro filósofo contemporáneo, Emanuele Coccia, también ha señalado esa posibilidad de lo social como más allá y más acá de lo humano: "La sociedad angélica no es sólo el pasado inmemorial o el paradigma atemporal de lo social: es también el futuro inagotable y cierto, la finalidad, el destino inmaterial e inaprensible. [...] Según la teología cristiana, la sociedad más antigua y más perfecta del universo no tiene miembros de naturaleza humana".[23] Merece tenerse en cuenta, a su vez y como antecedente fundamental, el modo en que William Burroughs propuso pensar el lenguaje, lo social por excelencia, no como un producto de los humanos sino como un virus tal vez no terrestre que hizo de ellos sus huéspedes.[24] Se trata del hombre como avatar de otra existencia que lo desborda y cuyo término resulta inaccesible.

---

22   LUDUEÑA ROMANDINI (2013b): 49.
23   COCCIA (2011): 681-690.
24   BURROUGHS (2009).

8.3. Ahora bien: Durkheim, al proponer una historia sin comienzo ni fin, estaba enunciando un cuidado metodológico que prevenía contra la creencia en los grandes acontecimientos que lo trastornan o crean todo de un golpe. El sociólogo no estaba señalando una condición existenciaria. En ninguna parte de su obra se afirma la inmortalidad de lo social o la continuidad de la historia más allá de toda vida humana. De acuerdo al resumen de Paul Fontana al "Curso sobre los orígenes de la vida religiosa" de 1907, Durkheim declaró: "todo se desgasta y muere con el tiempo, tanto las fuerzas divinas como las humanas o profanas; los dioses morían si los hombres no conservaban sus vidas".[25] En 1913, un año después de haber indicado en *Las formas elementales* que la religión, como toda institución humana, no comienza en ninguna parte, expuso en "El problema religioso y la dualidad de la naturaleza humana" que: "las religiones se nos presentan como fenómenos históricos; como a todas las instituciones humanas, las vemos nacer, crecer y morir".[26] En numerosas y diversas ocasiones negó que la sociedad pudiera confundirse con una sustancia,[27] rechazo que funcionaba como prevención ante quienes leían en su método un modo de definir lo existente que se abismaba a dominios fantasmales.

De manera ejemplar, su mayor contendiente intelectual, Gabriel Tarde, tras sorprenderse al leer en *Las reglas del método* la propuesta de tratar los hechos sociales como exteriores a sus manifestaciones individuales,[28] escribió:

> Desgraciadamente, objetivando así la distinción, o más bien la separación por completo subjetiva entre el fenómeno colectivo y los actos particulares de los que se compone, Durkheim nos arroja de lleno a la escolástica. Sociología no quiere decir ontología. Me cuesta comprender, lo confieso, cómo se puede considerar que "descartados los individuos, queda la Sociedad". Si se quitan los profesores no veo qué queda de la Universidad: un nombre que, de no contemplar a persona alguna, con el conjunto de tradiciones que conlleva, no es nada de nada. ¿Debemos regresar al *realismo* de la Edad Media? Me pre-

---

25   DURKHEIM (1975b), "Cours sur les origines de la vie religieuse": 120-121.

26   DURKHEIM (1975b), "Le problème religieux et la dualité de la nature humaine": 28.

27   DURKHEIM (1919): 9 y DURKHEIM (2010b): 18.

28   DURKHEIM (1919): 19.

gunto qué ventaja se encuentra, bajo pretexto de depurar la sociología, en vaciarla de todo contenido psicológico o viviente. Se parece a la búsqueda de un *principio social* donde la psicología no cuenta para nada, creado expresamente por la ciencia que lo fabrica, y que me parece aun mucho más quimérico que el antiguo *principio vital*.[29]

Tarde, en 1895, buscando señalar un límite de la sociología, abría un horizonte de lectura necesario.

Durkheim de ninguna manera dejó entrever que la sociedad pueda existir más allá de toda psiquis o toda vida, pero su alerta contra la metafísica, entendida como especulación sin sustento empírico, no quita que haya en sus páginas múltiples indicaciones –y en absoluto aisladas– que desbordan el temple sobrio y cauteloso que pretendía para la ciencia social.

En el curso de un debate público en la Sociedad francesa de filosofía (1913) y contra el principio durkheimiano según el cual el hombre es para la sociología menos un punto de partida que uno de llegada,[30] el psicólogo Henri Delacroix objetó:

> La sociedad desarrolla las virtudes del individuo; pero las condiciones psicológicas que hacen que la sociedad sea posible y efectiva le son preexistentes. ¿Qué es lo que hace que unos seres sean capaces de sociedad? O bien la sociedad es un milagro, o bien está fundada en la naturaleza de los seres que la componen. [...] Si la sociedad no está fundada en los seres que la componen, si ella emerge bruscamente por su decisión como una forma superior, se vuelve una creación ininteligible[31]. Se encuentra, apenas traspuesta, la misma dificultad reprochada al otro sistema.[32]

Ese otro sistema del que Durkheim se diferenciaba era la "ontología dualista" o "metafísica dualista" y su dificultad consistía en que al tratar lo corporal y lo ideal como dos sustancias separadas no podía explicar el vínculo permanente entre ellas.[33] Durkheim procuraba distinguirse de esa visión con el siguiente argumento:

---

29 TARDE (1898b): VIII.
30 DURKHEIM (1975a), "Sociologie religieuse et théorie de la connaissance": 185.
31 En el texto original se lee "*intelligible*", pero es posible estimar que se trata de un error en la transcripción, ya que la intervención de Delacroix apunta a señalar un defecto. En efecto, Durkheim, al retomar las palabras de Delacroix se defiende contra la acusación de que la sociedad sea "*ininteligible*".
32 DURKHEIM (1975b), "Le problème religieux et la dualité de la nature humaine": 36-37.
33 *Ibídem*: 30, 33 y 35.

Cuando hablo de seres no quiero decir que haya en nosotros dos sustancias, en el sentido metafísico de la palabra, sino simplemente dos círculos de vida interior, *dos sistemas de estados de conciencia*[34] que, al no tener el mismo origen no tienen las mismas características ni se orientan en el mismo sentido. Por una parte, están aquellos que vienen de nuestro organismo y lo experimentan; por otra, aquellos que vienen de la sociedad y la representan en nosotros. Estos dos sistemas de estados no sólo son diferentes; ellos se expulsan mutuamente de la conciencia. No podemos estar en el mismo momento enteramente entregados a nosotros mismos y a nuestras sensaciones individuales y enteramente dados a la sociedad y los ideales colectivos que ella despierta y mantiene en nosotros. De ahí, toda clase de tensiones y conflictos. A pesar de la solidaridad que hay entre estos dos seres – pero la solidaridad no excluye el antagonismo–, no podemos seguir a uno sin sacrificar en cierta medida al otro.[35]

Esa diferencia entre lo social y lo individual encuentra su realidad no en la apelación a dos sustratos ontológicos sino que se evidencia ante la lógica del sacrificio. Eso no quita que Durkheim, al responder a Delacroix, sí haya asumido similitudes con la metafísica dualista.

Delacroix reprocha que la explicación que propongo es tan metafísica como la doctrina a la que el idealismo absoluto está obligado a recurrir [para explicar el paso de lo ideal a la realidad empírica]. Entre la doctrina de la caída y la que he expuesto, hay, si se quiere, cierta cosa en común: para una como para la otra, la dualidad profunda del hombre es prueba de que él participa simultáneamente de dos realidades diferentes y, en un sentido, opuestas. Sin embargo, esa participación no es concebida del mismo modo en un caso y otro: para la sociología las dos realidades con las cuales el hombre está en relación son, tanto una como la otra, de orden experimental. La sociedad es una cosa de observación tanto como el individuo. No veo cómo puede aplicarse aquí la palabra metafísica.[36]

---

34 Debe tenerse en cuenta que hablando así en 1913 Durkheim retomaba casi exactamente sus palabras en el curso de filosofía dictado en el Liceo de Sens de 1883-1884, tal como fueron recogidas por André Lalande: "La metafísica es la ciencia que busca las condiciones de los estados de conciencia." DURKHEIM (2002a), Leçon 69.

35 DURKHEIM (1975b), "Le problème religieux et la dualité de la nature humaine": 34.

36 *Ibídem.* 43.

El punto es, sin embargo, que esas observaciones experimentales, esos sistemas de estados de conciencia, aunque no son sustancias, son reales: "La sociedad existe; ella es una realidad".[37] Tal diferencia entre la realidad de la sociedad y el entendimiento de la sociedad como sustancia es sutil pero nítida. En primer lugar, la existencia de las sustancias es incomprobable por la ciencia, incapaz de decir tanto si las hay o si no,[38] mientras Durkheim nunca duda que lo social se manifiesta como una serie de fuerzas obligatorias y morales que, aunque distintas a las fuerzas físicas, son igualmente reales.[39] De allí se desprende, como segundo orden de diferencia, que una realidad es verificable a través de una serie de efectos, mientras que la idea de sustancia implica una existencia originaria que se funda en sí misma. Las explicaciones y causas de los hechos sociales siempre son otros hechos sociales,[40] pero esto nunca implica que lo social se tenga por causa a sí mismo. En el mismo sentido, la insistencia con que Durkheim indicó que la sociedad es una realidad *sui generis*, única en su tipo,[41] nunca se confunde con su tratamiento como *causa sui*. La recurrencia de una determinada serie de hechos sociales no es indicador de la necesidad de su existencia: la función y el origen de lo social son instancias no coincidentes.[42] Que un movimiento de lo social se explique por otros movimientos sociales no conlleva, de ninguna manera, que la existencia de lo social, *in toto*, se origine a sí misma.[43] Desde la perspectiva durkheimiana sólo en el orden de los puros conceptos es posible pensar una existencia que se tenga a sí como origen, lo cual jamás sucede en el orden de los fenómenos empíricos. Se sigue entonces, como tercera diferencia, que la sustancia puede ser definida en términos puramente

---

37 *Ibídem.* 38.

38 DURKHEIM (2010b), "Représentations individuelles et représentations collectives": 13.

39 DURKHEIM (1975b), "Le problème religieux et la dualité de la nature humaine": 50-51.

40 DURKHEIM (1975a), "La science positive de la morale en Allemagne": 304 y DURKHEIM (1919): 177.

41 DURKHEIM (2010a): 123.

42 DURKHEIM (1991): 8-9.

43 De aquí que de ningún modo corresponda hacer equivalente el concepto durkheimiano de sociedad con el concepto de sustancia de Baruch Spinoza ("Por *sustancia* entiendo aquello que es en sí y se concibe por sí, esto es, aquello cuyo concepto, para formarse, no precisa del concepto de otra cosa", Ética, I, definición III), tal como se sugirió osadamente en NIELSEN (1999): 36.

intelectuales, mientras que el atributo de realidad no puede deducirse de ningún concepto.[44]

Mediante esa distinción entre sustancia y realidad Durkheim lograba evadir la metafísica en tanto especulación sobre los fundamentos suprasensibles de lo que existe, pero la maniobra era solidaria de una reformulación del dominio metafísico en curso desde al menos inicios del siglo XIX de la mano de la filosofía de la historia y consistente en desplazar la pregunta por el origen al problema del destino. Si bien las escatologías judeocristianas ya se habían interrogado, desde hacía largos siglos, por el destino final de lo existente, esa pregunta era complementaria a la del origen tal como había sido trabajada en el pensamiento grecorromano. Fue la modernidad madura la que hizo que el problema del origen o el fundamento fuera subsidiario de una indagación sobre lo final en la cual el principio dinámico de lo dado no sería equivalente a lo históricamente anterior. Durkheim fue crítico de esa tentativa por hacer coincidir origen y destino emprendida por la filosofía de la historia y basada en la idea de que el movimiento general de lo heterogéneo sería la manifestación de un único y mismo orden desplegado en el tiempo. El sociólogo respondió a esa idea con un paso adicional: si la metafísica de lo originario podía asumir los ropajes del fin de un proceso, era menester la renuncia a dar cuenta de una instancia terminal de lo dado en la historia. Esto es lo que coloca a Durkheim en una posición ambivalente: incapaz de afirmar la inmortalidad de lo social y también incapaz de decir cómo se termina. La muerte de una sociedad, al igual que su nacimiento, si bien es un fenómeno nunca negado, resulta así difícil de situar y más aun de explicar.

Semejante problema fue también, en buena medida, el del episodio del pensamiento francés del siglo XX conocido como "estructuralismo". Crítico a ese espíritu, Jean-Paul Sartre, leyendo en 1966 la obra éxito del filósofo considerado estructuralista

---

44 En esa dirección, siguiendo las valiosísimas indicaciones de Ernesto Funes en su trabajo introductorio a la edición castellana de *La división del trabajo social* publicada en Buenos Aires por Editorial Gorla ("Un llamado a la solidaridad": 5-85), Durkheim se aleja completamente del argumento ontológico de San Anselmo, replicado por Spinoza para su definición de *causa sui*, según el cual de la definición de una esencia se sigue la necesidad de su existencia; en ANSELMO (1998): 11-14. Véase, al respecto, el modo en que el sociólogo discutió diversas demostraciones metafísicas de la existencia de Dios en DURKHEIM (2002a), Leçon 75.

La destrucción de la sociedad

Michel Foucault, *Las palabras y las cosas*, lamentaba que allí se ofrecían descripciones de diversos bloques históricos pero que faltaba la explicación por cómo se pasa de unos a otros.[45] Resulta en efecto notable, a la luz de las tradiciones de pensamiento anteriores a la modernidad madura, que sea posible analizar un fenómeno empírico sin preguntarse por su inicio ni por su término. Sin embargo, esa coincidencia entre Durkheim y el estructuralismo está cruzada por una diferencia que puede tornarse abismal: aquello de la ciencia social durkheimiana que irrita al estructuralismo es que deja abierta la posibilidad de que haya instituciones que nunca encontrarían su fin, que emergerían incansable e inevitablemente a lo largo de la historia. Ahí es donde a los ojos de tantos lectores el concepto durkheimiano de sociedad está cargado de metafísica: la suspensión metodológica de la pregunta por el nacimiento y la muerte de lo social resulta desbordada por el planteo de unas existencias a las que no se les asigna ningún tipo de límite histórico. Como la metafísica va hacia el final –va, según las palabras de Arendt, hacia la muerte– a buscar sus definiciones, la sociología de Durkheim no llega a ese término o considera imposible pensarlo y permite que lo social se defina como lo que no padece destrucción.

Si el elemento filosófico de un pensamiento es, como indicó Agamben, su capacidad de ser desarrollado,[46] ahí radica el elemento filosófico de la sociología de Durkheim.

8.4. En 1895, en el prefacio a la edición en libro de *Las reglas del método sociológico* (que había aparecido el año anterior como dos artículos para la *Revue philosophique*), Durkheim asumió que la tarea propuesta podía calificarse como "espiritualista". Escribía entonces: "¿La esencia del espiritualismo no reside en la idea de que los fenómenos psíquicos no pueden ser inmediatamente derivados de los fenómenos orgánicos? Nuestro método, en parte, no es más que una aplicación de ese principio a los fenómenos sociales".[47] En otro texto fundamental, "Representaciones

---

45   SARTRE (1966).
46   AGAMBEN (2009): 8.
47   DURKHEIM (1919): VII.

individuales y representaciones colectivas", publicado en 1898, Durkheim insistió en que el propósito de la sociología es constituir una ciencia de los fenómenos espirituales:

> [D]esde el punto de vista en que nos situamos, si se llama *espiritualidad* a la propiedad distintiva de la vida representativa en el individuo, se deberá decir de la vida social que ella se define como una *hiper-espiritualidad*; entendemos bajo ese término que los atributos constitutivos de la vida psíquica se encuentran aquí, pero elevados a una potencia mucho más alta y de manera tal que constituyen una cosa enteramente nueva. A pesar de su aspecto metafísico, la palabra no designa más que un conjunto de hechos naturales, que deben explicarse por causas naturales. Pero ella nos advierte que el mundo nuevo que se abre a la ciencia supera a todos los otros en complejidad; que no se trata simplemente de una forma magnificada de reinos inferiores, sino que las fuerzas que se juegan allí son aún insospechadas y sus leyes no pueden ser descubiertas sólo por los procedimientos del análisis interior.[48]

Los procedimientos del análisis interior a los que se refería Durkheim eran los propios a una metafísica puramente filosófica que entendía suficiente trabajar con la reflexión. La sociología, en cambio, estaba preocupada por objetivar ese mundo espiritual.

Se definía aquí el territorio de los conceptos de *conciencia colectiva* y *representaciones colectivas*. Ellos no son homogéneos, y Durkheim tendió a abandonar el primero, omnipresente en *La división del trabajo*, en la misma medida en que se alejó de las metáforas organicistas. La idea de conciencia remitía demasiado al ejercicio de la voluntad de un ser definido y homogéneo y las representaciones, en cambio, apuntaban menos a una actividad mental regulada que a un acervo de pensamientos impersonales. De todos modos, de principio a fin de la obra durkheimiana la consigna es la misma: los pensamientos no existen sólo en la actividad psíquica de los hombres.

Cuando Durkheim, en una carta dirigida en 1897 a Marcel Mauss, anunciaba que "de *L'Année sociologique* se va a desprender una teoría que, exactamente opuesta al materialismo histórico tan grosero y simplista a pesar de su tendencia objetivista,

---

48   DURKHEIM (2010b), "Représentations individuelles et représentations collectives": 48.

hará de la religión, y ya no de la economía, la matriz de los hechos sociales",[49] pensaba en una situación en la que la crítica moderna a las ideas metafísicas –crítica en la que él mismo participaba[50]– se había radicalizado en un menosprecio total de la fuerza de las ideas. La religión era así el dominio más adecuado posible para un estudio de la fuerza de las ideas y su condición de realidades distintas a simples epifenómenos de la vida material de una comunidad. "El objeto que sirve de soporte a la cosa es bien poca cosa comparado con la superestructura ideal bajo la que desaparece",[51] decía el sociólogo en *Las formas elementales*, libro que culmina con la abierta identificación entre lo social, lo sagrado y lo ideal.[52]

Sin embargo, el espiritualismo sociológico se diferenciaba profundamente del idealismo filosófico. Durkheim ilustraba esa diferencia comparando su teoría con la de Platón:

> La sociedad no se puede realizar más que en y por los individuos, porque ella no es otra cosa que individuos juntos y organizados. Ella no puede penetrar en las conciencias individuales sin suscitar todo un sistema de representaciones *sui generis* que la experimentan, es decir sin sobreañadir a nuestro ser individual un ser psíquico de un nuevo género. Las ideas de Platón se bastan a sí mismas; ellas no tienen necesidad de la materia para ser; ellas incluso no se pueden mezclar con la materia sin padecer una suerte de disminución. Al contrario, la sociedad tiene necesidad de los individuos para existir. Por otra parte, el individuo mismo tiene necesidad de la sociedad.[53]

La pregunta es qué son esas ideas que ni son propiamente de los hombres ni viven propiamente por sí mismas, o en otros términos, según la formulación de W.S.F. Pickering, ¿qué representan las representaciones?[54] Durkheim, contra las premisas del materialismo histórico, se encargó de indicar que ellas no son

---

49 DURKHEIM (1998): 71.
50 DURKHEIM (1975c), "L'enseignement philosophique et l'agrégation de philosophie": 417.
51 DURKHEIM (1990a): 326-327.
52 *Ibídem*: 602-603.
53 DURKHEIM (1975b), "Le problème religieux et la dualité de la nature humaine": 35. En el mismo sentido, DURKHEIM (2010a), "Le dualisme de la nature humaine et ses conditions sociales": 326.
54 PICKERING (2000): 98-117.

meras imágenes de la base morfológica que las sostiene.[55] Ellas, como ocurre con lo sagrado respecto a lo profano, son más que la vida material de la sociedad. Y ese más está dado porque no tienen principio ni fin, son inmortales, son eternas.

Aun si Durkheim no concedía que lo social esté más allá de la historia, sí señaló que todo lo que hay de más permanente en las formas de organización de la vida de los hombres se presenta a sí mismo de ese modo, como aquello que hay de eterno en lo humano.[56] Esa eternidad, a pesar de que no puede ser verificada, no es mera ilusión. En primer lugar, las representaciones colectivas se caracterizan por la fuerza con que se sostienen incluso contra cambios y resistencias. Lo social, en definitiva, es resistente a la destrucción. Y, por otra parte, a pesar de que todo nace en algún punto de la historia, las representaciones colectivas desbordan todo intento de asignarles un origen definitivo. Es social, entonces, lo que no reconoce ninguna historia.

Las representaciones colectivas, o lo espíritus, son por lo tanto imágenes que aun si fueron retratos, se emanciparon de aquello que mostraban, cobrando una vida propia.

Mientras ciertas formas de la crítica social desarrolladas en los siglos XIX y XX en paralelo a la sociología se propusieron develar el origen de todas las ideas para reconducirlas al dominio de la voluntad humana, Durkheim, en cambio, entendió que la tarea de una ciencia de la sociedad es comprender los modos en que se producen las ideas sagradas, no para desacralizarlas, sino para que la humanidad pueda producir otras.

> En una palabra, los antiguos dioses envejecen o mueren, y aún no han nacido otros. [...] Pero este estado de incertidumbre y agitación confusa no podría durar eternamente. Vendrá un día donde nuestras sociedades conocerán nuevas horas de efervescencia creadora en el curso de los cuales surgirán nuevas ideas, en que se desplegarán nuevas fórmulas que servirán, durante un tiempo, de guía a la humanidad; y una vez vividas esas horas, los hombres experimentarán espontáneamente el deseo de revivirlas de tiempo en tiempo con

---

55   DURKHEIM (1990a): 605-606.
56   *Ibídem* 6.

el pensamiento, es decir, de mantener su recuerdo mediante fiestas que revivificarán regularmente sus frutos.[57]

8.5. Durkheim reconocía realidad a las fuerzas sociales, pero sólo bajo el entendimiento de que éstas se efectúan en la historia. Tal efectuación en la historia implica, por una parte, que lo social no se explica apenas como un monstruo invisible de origen incierto, sino que emerge en la fuerza ejercida por un sedimento histórico de acciones, y, por otra parte, que las acciones de los hombres, si bien no pueden operar directamente sobre lo social (motivo por el que no hay horizonte revolucionario), se fosilizan en fuerzas sociales a través de la historia. Ahí radica el motivo que permite que la sociología de Durkheim pueda sostener, en simultáneo, las ideas aparentemente contradictorias según las cuales no existe lo social sin los individuos pero los individuos no son la causa de lo social.

Pensadas de ese modo, las leyes sociales no aplastan al tipo de acción individual y voluntaria característica de la política, sino que, por el contrario, la reconocen por fuera suyo, es decir, le conceden el terreno de ese comenzar al que la teoría de Arendt llamaba libertad (o milagro). Es decir que si bien es cierto que la sociología discute a la acción la efectividad que la teoría política a veces quisiera concederle, no por ello la desprecia, sino que la somete a exigencias profundas que quizás hoy, teniendo sentido político, no debamos desconocer.

Las leyes sociales son aquellas que dictan los modos por los que determinados fenómenos específicos tienen entidad social (no todos los fenómenos humanos son materia de la sociología, indicaba Durkheim), lo cual de ninguna manera implica que esas leyes tengan la capacidad de contemplar qué es lo que devendrá social y qué no. Es eso lo que hace que ninguna acción política, ni la más humilde ni la más grandiosa, ni las enseñanzas de Sócrates ni el gobierno del César, tenga asegurada su pervivencia o su ruina a través de la historia. La sociedad es rebelde a la política pero no ignorante ni indiferente ante su existencia.

---

57   *Ibídem* 611.

¿Esto implica una lotería relativista que permite que cualquier cosa pueda ser por sobre cualquier otra, como si no hubiera diferencia? Sería poco honesto no reconocer que la sociología a veces se abisma al relativismo. Del mismo modo, sería poco atento desconocer que Durkheim tenía intereses políticos y morales muy claros que lo esforzaban a alejar a la sociología de ese rumbo mediante un movimiento singular ante el que cobra mucha importancia su atención a la educación. En efecto, una de las premisas fundamentales de una visión sociológica reside en que la eficacia de la acción es mayor cuando se la dirige a cristalizar en instituciones sociales que cuando se la orienta a instituciones políticas. Se trata de la confianza, enunciada claramente por Durkheim y Mauss en un texto conjunto, en la mayor pervivencia y extensión de las costumbres de la civilización respecto a las limitaciones temporales y geográficas de las leyes positivas del Estado.

El otro freno al relativismo que encontramos en Durkheim implica una suerte de salto de fe que difícilmente era realizable para quienes asistieron al exterminio de las guerras mundiales y al desarrollo de armamento nuclear y que, por esas y otras nuevas razones, tal vez resulte igualmente poco aceptable para nosotros. Se trata de la idea según la cual la sociedad no atenta contra sí misma. Esto implica que sería improbable, sino directamente imposible, que un ordenamiento social llegue a la incapacidad de distinguir entre las condiciones de su subsistencia y las de su colapso. Es un pensamiento absolutamente extranjero al temor de Arendt frente a las dinámicas auto-aniquiladoras de la humanidad, pero central a la idea de que lo social no se ofrece a la destrucción tal como se manifiesta en el pensamiento de Durkheim.

Estos son horizontes amplios, mucho más vastos y áridos que los contemplados por la filosofía política clásica y que los deseados por la teoría política desarrollada desde el siglo XX, pero ello no quita que de allí puedan seguirse un orden de tareas posibles.

Tal vez la más importante adquisición factible para una teoría política capaz de atender sin temor al dominio de lo social y de los procesos históricos de largo alcance estudiados, por ejemplo, en la sociología pionera de Durkheim, sea un cambio en la escala de sus intervenciones. Sometida a la exigencia, reclamada desde diversas instituciones, de actuar sobre la realidad para escapar de los terrenos, cada vez menos tolerados, del pensamiento especulativo, la teoría política contemporánea a veces se lanza con demasiado apuro al presente, asumido como instancia de lo concreto por excelencia, corriendo detrás suyo para servirle de comentario lúcido y tal vez influyente que pueda ser guía para los espectadores de la acción política y, en los mejores sueños, también para los principales actores políticos. En semejante acepción, la teoría política deviene una rama erudita del periodismo. Alertar contra tal posibilidad no implica una valoración negativa del hoy por demás vapuleado periodismo. De hecho, tal vez casi pueda considerarse como un ejercicio de responsabilidad aquella instancia en que el teórico de la política se reconoce plenamente hombre de su tiempo y se viste de periodista para reportar determinados hechos que pueden ser especialmente significativos para el desarrollo de un pensamiento de tipo filosófico: Arendt lo hizo en el juicio a Eichmann, Michel Foucault lo hizo durante la Revolución de Irán. De lo que se trata es que esa atención imprescindible sobre el presente no eclipse la importancia de tareas con horizontes menos cercanos; tareas del tipo de las nunca abandonadas por Arendt o Foucault.

Arendt, en 1958, cuando las posibilidades técnicas de transformación del mundo estaban inmensamente lejos de los desarrollos actuales, inició *La condición humana* dando cuenta de la chance de que los hombres emigren desde la Tierra hacia otro planeta: "Ni labor, ni trabajo, ni acción, ni pensamiento, tendrían sentido tal como los conocemos",[58] escribió. Sea cual sea el futuro de la humanidad en los próximos cien o mil años, terreno alguna vez fundamental de la reflexión teórica y filosófica y hoy únicamente ocupado por la ficción, la teoría política difícilmente pueda mirar hacia tan lejos sin las herramientas de la historia comparativa de las civilizaciones ofrecidas por las ciencias sociales. Renunciar a intervenir en ese horizonte sería, contra lo a veces asumido con demasiada sencillez, totalmente contrario a todo realismo político.

---

58   ARENDT (1995): 24.

Durkheim apreciaba que "el análisis histórico [...] termina por reconocer el carácter impersonal de las fuerzas que dominan la historia", y para ilustrar el punto daba un ejemplo de la literatura: "monumentos literarios como la Biblia, como los poemas homéricos y otras grandes epopeyas nacionales, fueron atribuidos a una multitud oscura e indeterminada de colaboradores anónimos".[59] Una teoría política atenta a las ciencias sociales y sus procesos de largo alcance tal vez deba hacerse la pregunta, relativamente inédita, por los modos en que es posible que nuestras acciones, para lograr efectivamente transformar el mundo, cristalicen en movimientos impersonales ante los cuales perderemos, irremediablemente, el dominio sobre las mismas. De ese modo lo impersonal, allí donde el gobierno es de nadie, tal vez sea, antes que el terreno donde la política desaparece, el espacio extraño al que ella debe intentar dirigirse.

59   DURKHEIM (1975a), "Sociologie et sciences sociales": 152.

La destrucción de la sociedad

BIBLIOGRAFÍA ■

ABDO FEREZ, C.,

Crimen y sí mismo. La conformación del individuo en la temprana modernidad occidental, Buenos Aires: Gorla, 2013.

ADORNO, Th.,

Actualidad de la filosofía. Barcelona: 1991.

Dialéctica negativa (1966). Madrid: Taurus, 1989.

AGAMBEN, G.,

El misterio del mal. Benedicto XVI y el fin de los tiempos, Buenos Aires: Adriana Hidalgo, 2013.

El tiempo que resta. Comentario a la carta a los Romanos, Madrid: Trotta, 2006.

Homo sacer I. El poder soberano y la nuda vida, Valencia: Pre-Textos, 1998.

Homo sacer II.1. Estado de excepción, Buenos Aires: Adriana Hidalgo, 2004.

Homo sacer II.2. El reino y la gloria. Una genealogía teológica de la economía y del gobierno, Buenos Aires: Adriana Hidalgo editora, 2008.

Homo sacer III. Remnants of Auschwitz. The Witness and the archive, New York: Zone Books, 1999.

La potencia del pensamiento. Ensayos y conferencias, Buenos Aires: Adriana Hidalgo, 2007.

Pilato y Jesús, Buenos Aires: Adriana Hidalgo, 2014.

Profanaciones, Buenos Aires: Adriana Hidalgo, 2005.

Signatura rerum. Sobre el método, Buenos Aires: Adriana Hidalgo, 2009.

ANDRADE WEISS, R.,

Émile Durkheim e a Fundamentação Social da Moralidade, São Paulo: tese apresentada ao programa de pós-graduação em

Filosofia da Universidade de São Paulo para a obtenção do título de doutor, 2010.

"Perspectivas sobre a Política na Teoria de Émile Durkheim", *Revista Brasileira de Informação Bibliográfica em Ciências Sociais BIB*, São Paulo, No. 71, 2011, pp. 45-67.

ARENDT, H.,

De la historia a la acción, Barcelona: Paidós, 1995.
La condición humana, Buenos Aires: Paidós, 2010.
¿Qué es la política?, Barcelona: Paidós, 1997.
Sobre la revolución, Buenos Aires: Alianza, 1992.

BATAILLE, G.,

La conjuración sagrada. Ensayos 1929-1939, Buenos Aires: Adriana Hidalgo, 2003.
La parte maldita, Buenos Aires: Las Cuarenta, 2007.
Teoría de la religión, Madrid: Taurus, 1998.

BEINER, R.,

Civil Religion. A Dialogue in the History of Political Philosophy, New York: Cambridge University Press, 2011.

BEHERENT, M.C.,

"The Mystical Body of Society: Religion and Association in Nineteenth-Century French Political Thought", *Journal of the History of Ideas*, Vol. 69, No. 2, 2008, pp. 219-243.

BENVENISTE, É.

Le vocabulaire des institutions indo-européennes. I. Économie, parenté, société, Paris: Editions de Le Minuit, 1969.

BERA, D.M.,

"David, Émile. Les ambivalences de l'identité juive de Durkheim", *Durkheimian Studies / Études Durkheimiennes*, New Series, Vol. 17, pp. 121-150.

BESNARD, Ph.,

"Anomia y fatalismo en la teoría durkheimiana de la regulación", *Revista española de investigaciones sociológicas*, No. 81, 1998, pp. 41-62.
"Durkheim et les femmes ou le *Suicide* inachevé", *Revue française de sociologie*, 1973, Vol. 14-1, pp. 27-61.
"Le destin de l'anomie dans la sociologie du suicide", *Revue française de sociologie*, 1983, Vol. 24-4. pp. 605-629.
"L'anomie dans la biographie intellectuelle de Durkheim", *Sociologie et sociétés*, Vol. 14, No. 2, 1982, pp. 45-54.

La destrucción de la sociedad

BODIN, J.,

Les six livres de la République, Paris: Librairie générale française, 1993.

BONALD, L.,

Essai analytique sur les lois naturelles de l'ordre social, Paris: 1800.

Théorie du pouvoir politique et religieux dans la société civile. Première partie. La théorie du pouvoir politique, Paris: Adrien Le Clere et Cia, 1843.

Théorie du pouvoir politique et religieux dans la société civile. Deuxième partie. La théorie du pouvoir religieux, Paris: Adrien Le Clere et Cia, 1843.

BRAUDEL, F.,

La historia y las ciencias sociales, Madrid: Alianza, 1970.

BRAVO GALA, P.,

"Estudio preliminar", en Bodin, J., Los seis libros de la república, Madrid: Tecnos, pp. IX-LXXX.

BURROUGHS, W.,

La revolución electrónica: Buenos Aires, Caja Negra, 2009.

CAILLOIS, R.,

El hombre y lo sagrado, México: Fondo de Cultura Económica, 1984.

COCCIA, E.,

"Societas", en Atucha, I., Calma, D., König-Pralong, C., Zavattero, I. (eds.), Mots médiévaux offerts à Ruedi Imbach, Porto: FIDEM, 2011, pp. 681-690.

COMTE, A.,

Catéchisme des industriels. IIIe cahier. Système de politique positive, Paris: 1824.

Cours de philosophie positive. Tome quatrième, contenant la partie dogmatique de la philosophie sociale, Paris: Schleicher Frères Editeurs, 1908.

CORTI, E.

(comp.), El mal en la filosofía medieval, San Martín: UNSAM Edita, 2013.

DANOWSKI, D. y VIVEIROS DE CASTRO, E.,

Há mundo por vir? Ensaio sobre os medos e os fins, Florianópolis-San Pablo: Cultura e Barbárie-Instituto Socioambiental, 2014.

DAVY, G.,

"Émile Durkheim. I.- L'homme", *Revue de Métaphysique et de Morale*, T. 26, No. 2, 1919, pp. 181-198.

DEPLOIGE, S.,

Le conflit de la morale et de la sociologie, Paris: Librairie Félix Alcan, 1912.

DERRIDA, J.,

Seminario. La bestia y el soberano. Volumen I (2001-2002), Buenos Aires: Manantial, 2010.

DURKHEIM, É.,

Cours de philosophie fait au Lycée de Sens en 1883-1884, Québec: Université du Québec à Chocoutimi, 2002.

"Deux lois de l'évolution pénale", *L'Année sociologique (1896/1897-1924/1925)*, 4e Année, 1899-1900, pp. 65-95.

"De la définition des phénomènes religieux", *L'Année sociologique (1896/1897-1924/1925)*, 2e Année, 1897-1898, pp. 1-28.

De la division du travail social, Paris: Presses Universitaires de France, 1991.

Éducation et sociologie, Paris: Félix Alcan, 1922.

Hobbes à l'agrégation. Un cours d'Émile Durkheim suivi par Marcel Mauss, Paris: Éditions de l'École des hautes études en sciences sociales, 2011.

"La politique de Demain", *Durkheimian Studies / Études Durkheimiennes*, New Series, Vol. 5, 1999, pp. 8-12.

"La prohibition de l'inceste et ses origines", *L'Année sociologique (1896/1897-1924/1925)*, 1ère Année (1896-1897), pp. 1-70.

La science sociale et l'action, Paris: Presses Universitaires de France, 2010.

"Le Contrat Sociale de Rousseau", *Revue de Métaphysique et de Morale*, T. 25, No. 1, 1918, PP. 1-23 y T. 25 No. 2, 1918, pp. 129-161.

Le socialisme, Québec: Université du Québec à Chocoutimi, 2002.

Le suicide, Paris, Presses Universitaires de France, 1990.

Lecciones de sociología. Física de las costumbres y del Derecho y otros escritos sobre el individualismo, los intelectuales y la democracia, Madrid-Buenos Aires: Miño y Dávila editores, 2003.

Les formes élémentaires de la vie religieuse, Paris: Presses Universitaires de France, 1990.

Les règles de la méthode sociologique, Paris: Félix Alcan, 1919.

Lettres à Marcel Mauss, Paris: Presses Universitaires de France, 1998.

"L'Allemagne au-dessus de tout." La mentalité allemande et la guerre. Paris : Armand Collin, 1915.

L'éducation morale, Paris: Presses Universitaires de France, 1925.

L'évolution pédagogique en France, Paris: Presses Universitaires de France, 2014.

Quid Secundatus scientiae politicae instituendae contulerit, Paris: Ex Typis Gounouilhou, 1892.

Sociologie et philosophie, Paris: Presses Universitaires de France, 2010.

Textes 1. Éléments d'une théorie sociale, Paris: Les Éditions de Minuit, 1975.

Textes 2. Religion, morale, anomia, Paris: Les Éditions de Minuit, 1975.

Textes 3. Fonctions sociales et institutions, Paris: Les Éditions de Minuit, 1975.

DURKHEIM, É. y DENIS, E.,
Qui a voulu la guerre? Les origines de la guerre d'après les documents diplomatiques, Paris: Armand Collin, 1915.

FILLOUX, J-C.,
"Il ne faut pas oublier que je suis fils de rabbin", *Revue française de sociologie*, Vol. 17, No. 2, 1976, pp. 259-266.

FOURNIER, M.,
Émile Durkheim (1858-1917), Paris: Fayard, 2007.

FOUCAULT, M.,
Histoire de la sexualité 1. La volonté de savoir, Paris: Gallimard, 1976.
Los anormales. Curso en el Collège de France, 1974-1975, Buenos Aires: Fondo de Cultura Económica, 2001.
Surveiller et punir. Naissance de la prison, Paris: Gallimard, 1975.

FUEYO ÁLVAREZ, J.,
"La idea de 'auctoritas': génesis y desarrollo", *Estudios de teoría política*, Madrid: Instituto de Estudios Políticos, 1968, pp. 413-440.

GAROFALO, R.,
Criminologie, Québec: UQAC, 2009.

GARRARD, G.,
"Joseph de Maistre and Carl Schmitt", en Lebrun, R.A. (ed.), *Joseph de Maistre's Life, Thought and Influence: Selected Studies*, Montreal: McGill-Queen's University Press, 2001, pp. 220-238.

GIBBON, E.,

The Decline and Fall of the Roman Empire. Edited, Abridged, and with a Critical Foreword by Hans-Friedrich Mueller, New York: The Modern Library, 2003.

GIDDENS, A.,

Política, sociologia e teoria social, São Paulo: Fundação Editora da UNESP, 1998.

GIRARD, R.,

La violence et le sacré, Paris: Bernard Grasset, 1972.

GUILHAUMOU, J.,

"Sieyès et le non-dit de la sociologie: du mot a la chose" Revue d'Histoire des Sciences Humaines, 2006/2, No. 15, pp. 117-134.

GUYAU,

L'irréligion de l'avenir. Étude sociologique, Paris: Félix Alcan, 1904.

HARDT, M., y NEGRI, A.,

Imperio, Buenos Aires: Paidós, 2002.

Multitud. Guerra y democracia en la era del Imperio, Barcelona: Debate, 2004.

HEIDEGGER, M.,

¿Qué es metafísica? Seguido de «Epílogo a "¿Qué es metafísica?"» e «Introducción a "¿Qué es metafísica?"», Madrid: Alianza, 2003.

Ser y tiempo. Barcelona: Planeta-De Agostini, 1993.

HERTZ, R.,

Le péché et l'expiation dans les sociétés primitives, Québec: Université du Québec à Chicoutimi, 2004.

HOBBES, T.,

Leviathan, Oxford: Clarendon Press, 1929.

HORKHEIMER, M. y ADORNO, T.

Dialéctica de la Ilustración, Madrid: Trotta, 1998.

IOGNA-PRAT, D.,

La invención social de la Iglesia en la Edad Media, Buenos Aires: Miño y Dávila editores, 2016.

JAMESON, F.,

Arqueologías del futuro. El deseo llamado utopía y otras aproximaciones de ciencia ficción, Madrid: Akal, 2009.

La destrucción de la sociedad

JASPERS, K.,

The future of mankind, Chicago: The University of Chicago Press, 1961.

KANT, I.,

"Respuesta a la pregunta ¿qué es la ilustración?", *Filosofía de la historia*, La Plata: Terramar, 2004, pp. 33-39.

KARSENTI, B.,

D'une philosophie à l'autre. Les sciences sociales et la politique des modernes, Paris: Gallimard, 2013.

La société en personnes. Études durkheimienes, Paris: Economica, 2006.

L'homme total. Sociologie, anthropologie et philosophie chez Marcel Mauss. París: PUF, 2011.

KOSELLECK, R.,

Crítica y crisis, Madrid: Trotta, 2007.

LACROIX, B.,

Durkheim et la politique, Montréal: Presses de la fondation nationale des sciences politiques-Presses de l'Université de Montréal, 1981.

LACLAU, E.,

"Deconstrucción, pragmatismo, hegemonía", Ágora, No. 6, Verano de 1997, p. 63-89.

LAPIE, P., PARODI, D., FAUCONNET, P., MAUSS, M., BESNARD, Ph., GALEY, J-C.,

"Correspondance reçue par Célestin Bouglé (de Lapie, Parodi, Fauconnet et Mauss)", *Revue française de sociologie*, Vol. 20-1, 1979, pp. 32-48.

LATOUR, B.,

Reensamblar lo social. Una introducción a la teoría del actor-red, Buenos Aires: Manantial, 2008.

LOCKE, J.,

Segundo tratado sobre el gobierno civil, Bernal: Universidad Nacional de Quilmes-Prometeo, 2010.

LOMBROSO, C.,

L'homme criminel. Criminel-né, fou moral, épileptique. Étude anthropologique et médico-légale, Québec: UQAC, 2001.

LUDUEÑA ROMANDINI, F.,

"El Nómos cosmológico de Occidente y el destino de la metafísica", *Nombres. Revista de filosofía*, No. 29, 2015, pp. 219-233.

H.P. Lovecraft, la disyunción en el Ser. Buenos Aires: Hecho Atómico ediciones, 2013.

La comunidad de los espectros I. Antropotecnia, Buenos Aires: Miño y Dávila editores, 2010.

"La espectrografía política de Max Stirner", Borovinsky, T., Ludueña Romandini, F., y Taub, E. (eds.), *Posteridades del hegelianismo*, Buenos Aires: Teseo-Universidad de Belgrano, 2012, pp. 49-75.

"La pneumatología medieval como problema político y sus relaciones con la oikonomia teológica", *Anacronismo e irrupción. Revista de teoría y filosofía política clásica y moderna*, Vol. 2, No. 3, 2012, pp. 11-36.

Más allá del principio antrópico. Hacia una filosofía del outside. Buenos Aires: Prometeo, 2012.

"(Más allá de) la hantología: ¿es posible una (pos-)metafísica de la espectralidad", en Penchaszadeh, A.P. y Biset, E. (eds.), *Derrida político*, Buenos Aires: Colihue, 2013, pp. 145-158.

"Nomología: la economía de la culpa en los orígenes de la política occidental", *Revista de Análisis de Economía, Comercio y Negocios Internacionales*, Vol. 8, 2014, pp. 23-46.

"Poder pneumático. Una reconsideración del problema teológico-político", *Revista Pléyade* No. 8, 2011, pp. 153-170.

"Soberanía y demonología en el pensamiento político de Thomas Hobbes", Beresñak, F., Borisonik, H., y Borovinsky, T. (eds.), *Distancias políticas. Soberanía, Estado, gobierno*, Buenos Aires-Madrid: Miño y Dávila editores, 2014, pp. 113-130.

LYONNET, S., y SABOURIN, L.,

Sin, Redemption and Sacrifice. A Biblical and Patristic Study, Roma: Editrice Pontificio Istituto Biblico, 1998.

MAISTRE, J.,

Considerations on France, Cambridge: Cambridge University Press, 2003.

"Étude sur la souveraineté", *Ouevres Complètes. Tome Premier*, Lyon: Librairie Générale Catholique et Classique, 1891, pp. 311-554.

"Examen d'un écrit de J-J. Rousseau sur l'inégalité des conditions parmi les hommes", Œuvres Complètes. Tome Septième, Lyon: Librairie Générale Catholique et Classique, 1898, pp. 509-566.

Les soirées de Saint-Pétersbourg. Ou entretiens sur le gouvernement temporale de la providence, suives de un traité sur les sacrifices. Tome II, Lyon-Paris: Pélagaud, 1854.

La destrucción de la sociedad

MAQUIAVELO, N.,

El príncipe, Barcelona: Planeta-De Agostini, 1995.

MARKS, S.R.,

"Durkheim's Theory of Anomie", *American Journal of Sociology*, Vol. 80, No. 2, 1974, pp. 329-363.

MAUSS, M.,

Œuvres 1. Les fonctions sociales du sacré, Paris: Les Éditions de Minuit, 1968.

Œuvres 2. Représentations collectives et diversité des civilisations, Paris: Les Éditions de Minuit, 1968.

Œuvres 3. Cohésion sociale et divisions de la sociologie, Paris: Les Éditions de Minuit, 1968.

Sociologie et anthropologie, Paris: Presses Universitaires de France, 2013.

MĚSTROVIĆ, S.,

"Anomia and Sin in Durkheim's Thought", Journal for the Scientific Study of Religion, Vol. 24, No. 2, 1985, pp. 119-136.

MĚSTROVIĆ, S. y BROWN, H.M.,

"Durkheim's concept of anomie as *dérèglement*", Vol. 33, No. 2, 1985, pp. 81-99.

MONTESQUIEU, C.L.S.,

Considérations sur les causes de la grandeur des romains et de leur décadence, Paris: Libraire Delagrave, 1900.

MORIN, A.,

"*Delinquere in se.* Condições de criminalização do suicídio no mundo jurídico da Baixa Idade Média", *Signum* No. 10, 2009, pp. 95-116.

"Sin palabras. Notas sobre la inexistencia del término 'suicida' en el latín clásico y medieval", *Circe* No. 12, 2008, pp. 159-166.

MOTESHARREI, S., RIVAS, J. y KALNAY, E.,

"Human and Nature Dynamics (HANDY): Modeling Inequality and Uses of Resources in the Collapse or Sustainability of Societies", *Ecological Economics* No. 101 (2014), pp. 90-102.

MUCCHIELLI, L.,

La découverte du social. Naissance de la sociologie en France, Paris: Éditions La Découverte, 1998.

NIELSEN, D.A.,

   Three Faces of God. Society, Religion and the Categories of Totality in the Philosophy of Émile Durkheim, Albany: State University of New York, 1999.

OTTONELLO, R.,

   "Ciencia y arte en las lecturas de Durkheim sobre la filosofía política clásica (desde Platón hasta Montesquieu)", *Sociológica*, Año 31, No. 87, enero-abril de 2016, pp. 79-109.

   "El problema de la extensión de los cuerpos políticos en la filosofía de Jean-Jacques Rousseau", en Beresñak, Fernando, Borisonik, Hernán y Borovinsky, Tomás. *Distancias políticas. Soberanía, Estado, gobierno*, Buenos Aires: Miño y Dávila editores, 2014, pp. 151-169.

   "El tormento de buscar lo que no existe. Fe, oscuridad y razón en Jean-Jacques Rousseau", en Burello, M., y Taub, E., *Atenas y Jerusalén Perspectivas, Itinerarios, Debates*, Buenos Aires: Prometeo, 2015, pp 197-208.

   Lo leído y lo por leer en la sociología de Durkheim. Clausuras y perspectivas tras un siglo de lecturas, Buenos Aires: Centro de Publicaciones del Instituto de Investigaciones Gino Germani, 2016.

   "Sociedad, crimen y realidad: las distinciones entre magia y religión en los trabajos de la escuela durkheimiana", *Anacronismo e irrupción*, Vol. 4, No. 7, 2015, pp. 86-108.

PAOLETTI, G.,

   Durkheim et la philosophie. Représentation, réalité et lien social, Paris: Garnier, 2012.

   "La réception des *Règles* en France, du vivant du Durkheim", en Borlandi, M. y Mucchielli, L. (eds.), *La sociologie et sa méthode. Les Règles de Durkheim un siècle après*, Paris : L'Harmattan, 1995, pp. 264-269.

   "Les deus tournants, ou la religion dans l'œuvre de Durkheim avant *Les formes élémentaires*", *L'Année sociologique*, Vol. 62, pp. 289-311.

PICKERING, W.S.F.,

   "Mauss Jewish background", en James, W., y Allen, N.J. (eds.), *Marcel Mauss. A centenary tribute*, New York-Oxford: Berghahn Books, 1998, pp. 43-60.

   "The enigma of Durkheim's Jewishness", *Émile Durkheim. Critical assessments of leadings sociologists*, London-New York: Routledge, 2001, pp. 62-87.

La destrucción de la sociedad

"What do representations represent? The issue of reality", en Pickering (ed.), *Durkheim and Representations*, New York: Routledge, 2000, pp. 98-117.

PRODI, P.,
  Una historia de la justicia. De la pluralidad de fueros al dualismo moderno entre conciencia y derecho, Buenos Aires: Katz, 2008.

RANCIÈRE, J.,
  El desacuerdo. Política y filosofía, Buenos Aires: Ediciones Nueva Visión, 1996.

RENNEVILLE, M.,
  "L'anthropologie du criminel en France", *Criminologie*, vol. 27, No. 2 (1994), pp. 185-209.

RINESI, E.,
  Política y tragedia. Hamlet, entre Hobbes y Maquiavelo, Buenos Aires: Colihue, 2003.

ROBERTSON SMITH, W.,
  Lectures on the religion of the Semites, New York: The Macmillian Company, 1927.

ROUSSEAU, J-J.,
  Contrato social, Barcelona: Planeta – De Agostini, 1995.
  Discurso sobre economía política, Buenos Aires: Quadrata, 2003.
  Discurso sobre los orígenes y fundamentos de la desigualdad entre los hombres, Buenos Aires: Prometeo, 2008.
  Emilio, o De la educación, Madrid: Alianza, 2005.

SAINT-SIMON, H.,
  Catéchisme politique des industriels, Paris: Imprimerie de Sétier, 1823.
  "De la physiologie appliquée a l'amélioration des institutions sociales", Œuvres de Saint-Simon. *Dixième volume*, Paris: Dentu - Libraire de la Société des Gens de Lettres, 1875, pp. 173-197.
  "Mémoire sur la science de l'homme", Œuvres choisies. *Tome II*, Bruxelles: Van Meenen, 1839, pp. 5-166.
  "Nouveau christianisme", Œuvres choisies. Tome III, Bruxelles: Van Meenen, 1839, pp. 315-382.

SCHMITT, C.,
  El concepto de lo político, Madrid: Alianza, 2009.
  El Leviathan en la teoría del Estado de Tomás Hobbes, Buenos Aires: Struhart & Cía, 1990.

El nomos de la tierra en el Derecho de Gentes del "Jus publicum europaeum", Buenos Aires: Struthart & Cía, 2005.

Teología política, Madrid: Trotta, 2009.

Teoría del partisano, Buenos Aires: Struhart & Cía, 1994.

SCHOENFELD, E., y MĚSTROVIĆ, S.,

"Durkheim's Concept of Justice and Its Relationship to Social Solidarity", Sociological Analysis, Vol. 50, No. 2, 1989, pp. 111-127.

SCHROCK, T.,

"The Rights to Punish and Resist Punishment in Hobbes's Leviathan", *The Western Political Quarterly*, Vol. 44, No. 4, 1991, p. 853-890.

SKINNER, Q.,

El nacimiento del Estado, Buenos Aires: Editorial Gorla, 2003.

SLOTERDIJK, P.,

El desprecio de las masas. Ensayo sobre las luchas culturales de la sociedad moderna, Valencia: Pre-Textos, 2002.

Esferas III. Espuma. Esfereología plural, Madrid: Siruela, 2006.

Has de cambiar tu vida. Sobre antropotécnica, Valencia: Pre-Textos, 2012.

Sin salvación. Tras las huellas de Heidegger, Madrid: Akal, 2011.

SLOTERDIJK, P. y HEINRICHS, H-J,

El sol y la muerte, Madrid: Ediciones Siruela, 2004.

SPINOZA, B.,

Ética demostrada según el orden geométrico, Buenos Aires: Ediciones Orbis, 1983.

Tratado político, Buenos Aires: Quadrata, 2003.

STRAUSS, L.,

Derecho natural e historia, Buenos Aires: Prometeo, 2014.

Spinoza's critique of religión, New York: Schocken Books, 1982.

STRENSKI, I.,

Durkheim and the Jews of France, Chicago: The University of Chicago Press, 1997.

Theology and the first theory of sacrifice, Leiden-Boston: Brill, 2003.

TARDE, G.,

"Contra Durkheim a propósito de su *Suicidio*", en Durkheim, É., *El suicidio. Estudio de sociología y otros textos complementarios*, Buenos Aires-Madrid: Miño y Dávila editores, 2012, pp. 449-479.

"Criminalité et santé sociale", *Revue philosophique*, T. XXXIX, 1895, pp. 148-162.

Essais et mélanges sociologiques, Lyon-Paris: Stork-Masson, 1895.

La criminalité comparée, Paris: Félix Alcan, 1886.

"Le type criminel", *Revue philosophique*, T. XIX, 1883, pp. 593-627.

"Les lois sociales", *Revue de Métaphysique et de Morale*, No. 1, 1898, pp. 14-37; No. 2, 1898, pp. 202-229; No. 3, 1898, pp. 329-353.

La logique sociale, Paris: Félix Alcan, 1898.

La philosophie pénale, Lyon-París: Storck-Masson, 1891.

"Qu'est-ce qu'une société?, *Revue philosophique*, T. XVIII (noviembre de 1884), 489-510.

TREVOR-ROPER, H.,
La crisis del siglo XVII. Religión, reforma y cambio social. Buenos Aires: Katz, 2009.

VALÉRY, P.,
La crise de l'esprit, Québec: Université du Québec à Chicoutimi, 2005.

VERNANT, J-P.,
Atravesar fronteras. Entre mito y política II, Buenos Aires: Fondo de Cultura Económica, 2008.
L'individu, la mort, l'amour, Paris: Gallimard, 1989.

WEBER, M.,
Economía y sociedad, México DF: Fondo de Cultura Económica, 1999.
Ensayos sobre metodología sociológica, Buenos Aires: Amorrortu.

WEISSER, M.,
Crime and punishment in early modern Europe, New Jersey: Humanities Press, 1979.

YATES, A.L.,
Thomas Hobbes on Punishment, London-Ontario: Western University-Electronic Thesis and Dissertation Repository, 2012.

ZARKA, Y-Ch.
"Hobbes and the right to punish", en Bloom, Hans (ed.), *Hobbes – The Amsterdan debate*, Hildeschein: Georg Olms Verlag, 2001, pp. 21-87.

FINIS.

Compuesta y Diseñada en Suipacha, Provincia de Buenos Aires, por Gerardo Miño, esta edición se terminó de imprimir en diciembre de 2016 en los talleres de Imprenta Dorrego, ubicados en Av. Dorrego 1102, Buenos Aires, Argentina.

www.ingramcontent.com/pod-product-compliance
Lightning Source LLC
Chambersburg PA
CBHW021619270326
41931CB00008B/777